한일전쟁 미래소설 2045년

윤경민 https://brunch.co.kr/@yoonkm5

YTN 정치부 사회부 경제부 국제부 기자

YTN 도쿄특파원

채널A 국제부장

채널A 문화과학부장

CJ헬로 보도국장

LG헬로비전 보도국장

뉴스 앵커 시사토크쇼 앵커

3.11 동일본대지진 후쿠시마원전 폭발 취재

구마모토 강진 취재

삼풍백화점 붕괴사고 취재

북한잠수함 강릉침투사건 취재

김정일 위원장 건강이상설 당시 평양 취재

금강산 이산가족상봉 취재

국회, 청와대, 외교부, 통일부, 건설교통부, 증권거래소, 강남경찰서 출입기자

건국대 일어교육학과 졸업

한국외국어대 정치행정언론대학원 졸업

경기대학교 정치전문대학원 박사과정

저서: 세상을 바꾸고 싶다면 기자 / 언론인 지망생이 알아야 할 101가지

발 행 | 2020-10-05

저 자 | 윤경민

펴낸이 | 한건희

펴낸곳 | 주식회사 부크크

출판사등록 | 2014.07.15(제2014-16호)

주 소 | 서울 금천구 가산디지털1로 119, A동 305호

전 화 | 1670 - 8316

이메일 | info@bookk.co.kr

ISBN | 979-11-372-1941-0.

본 책은 브런치 POD 출판물입니다.

https://brunch.co.kr

www.bookk.co.kr

한일전쟁
미래소설
2045년

윤경민 지음

CONTENT

1. 독도 전쟁

2. 제5호 긴급조치 '일본어 금지령'

3. 한국 조폭 나석이 파의 일본 진출

4. 신주쿠 혈투

5. 이케부쿠로 제안

6. 부도칸 격투

7. 형제선언식

8. 천황 출생의 비밀

9. "천황이 한국인이라니"

10. 황거 습격 작전

11. 황후 암살 사건

12. 실패한 미관파천

13. 천황 암살작전

14. 천황 무릎 꿇다

15. 일본열도를 덮친 대지진의 재앙

16. 원전 폭발, 연쇄 강진

17. 총독부를 향한 분노의 물결

18. 시위대 해산에 나선 야쿠자

19. 이치가야 대청소 작전

20. 야쿠자 살육

5

21. 두목 공나석의 최후

22. 고조되는 독립운동 열기

23. 일본열도에 울려퍼진 만세 소리

24. 혹독한 고문

25. 나가노를 회유하라

26. 나가노의 탈옥

27. 일본 독립을 위한 무장투쟁의 길로

28. 대한민국 육군 첨단 무기창고를 습격하라!

29. 총독을 암살해야 하는 이유

30. 뉴오타니 호텔 접수 작전

31. 총독을 저격하라

32. 쫓고 쫓기는 추격전

33. 한국 본토 상륙 계획

34. 울릉도 해상 전투

35. 한반도 비밀 대원들과의 접선

36. 일본 독립군, 청와대를 습격하다

37. 나가노, 정한론의 본거지 가고시마를 가다

38. 법륭사 금당벽화의 비밀

39. 일본판 봉오동 청산리 전투

40. 일본 열도 세 조각 분단

41. 317 비밀부대의 무서운 실험

42. 최후의 저항: 롯카쇼무라 핵을 탈취하라!

43. 핵재앙 1초 전 -1

44. 핵재앙 1초 전-2

45. 한미 전쟁의 서막: 도쿄만 상륙작전의 빌미

46. 역공당한 미군

47. 이오지마 상공 교전

48. 3차 세계대전

49. 3국 동맹회의

50. 눈에는 눈 이에는 이 핵에는 핵

51. 흔들리는 일본 독립의 꿈

52. "Push the button!"

53. 워싱턴 D.C를 초토화시킨 핵미사일

54. 눈물의 항복 선언

55. 나가노를 살린 이철훈의 희생

56. 나가노의 비극적 선택

57. 뜻하지 않은 망명

58. 귀환

에필로그

〈한일전쟁 미래소설 2045년〉 책의 독자들을 위해서

역사 없이 현재가 있을 수 없다. 현재도 내일이 되면 역사로 남는다. 미래는 그 미래의 역사다. 역사는 우리 손으로 만들어 가는 것이다. 불행했던 역사에서 교훈을 얻어 새로운 미래를 설계해 나가야 한다.

이 소설은 한일 간에 전쟁이 일어나 한국이 일본을 식민 지배하며 벌어지는 이야기다. 미국의 몰락과 세계질서의 재편도 담겼다. 식민지 일본에서 독립운동이 벌어지는 가상의 소설이다.

이 소설은 일본 극우세력의 역사 도발, 경제 도발이 필자의 상상력을 자극한 결과물이다. 그저 허구일 뿐이지만 꾸며진 스토리를 통해 우리 역사를 되돌아보고 평화의 소중함을 각인했으면 하는 바람이다.

1. 독도 전쟁

"유키오 군 용기를 내! 포기하면 안 돼"

펑하는 소리와 함께 건물이 무너지자 여기저기서 비명이 쏟아졌다. 이철훈은 나가노 유키오에게 외쳤다.

"제발 포기하지 마! 일본 독립은 반드시 이뤄져야 해"

때는 2045년 7월 13일 오후 2시 30분

도쿄 아카사카의 일본 독립운동 본부 도쿄지부 비밀사무실에 비밀경찰이 이끄는 특공경찰 대대의 작전이 펼쳐졌다. 철문을 폭파한 특공경찰은 사무실에 연막탄을 던지고 20여 명의 비밀 일본 독립운동 단원들을 체포한다. 이들을 돕던 이철훈은 비밀 통로를 통해 나가노 유키오를 빠져나가게 하면서 마지막 외마디를 던지고 수류탄을 안은 채 자폭해 비밀통로를 막았다.

한국의 일본 식민지 지배 13년째, 한국의 지배에 항거하며 지하에서 활동하는 일본 독립군 부대가 하나 둘씩 꼬리를 잡히며 핵심 지도부 인사들이 체포되고 있었다. 유일하게 생존해 위치가 파악되지 않은 건 일본 독립운동단 도쿄지부 지도자인 나가노 유키오 뿐이었다. 나가노 유키오는 자신을 구해주고 스스로 목숨을 버린 이철훈의 아내인 오숙희의 도쿄 신주쿠 집으로 숨어든다.

시계는 거꾸로 돌아가, 때는 2031년 독도 상공.

대구 K2 공군기지에서 출격한 한국 공군 F-45 스텔스 전투기와 일본 항공자위대 F-35B 전투기 간의 치열한 전투가 벌어진다. 쫓고 쫓기는 전투기 간의 치열한 교전. 해경과 해군의 공동 독도 방어작전 훈련이 벌어지는 동안 이를 지켜보던 일본 해상자위대 항공모함에서 출격한 전투기가 독도 상공을 침범하자 한국 공군 전투기가 긴급 출격하며 벌어진 교전이다. 한국은 이어 전투기 20여 대를 추가 출격시켰고 일본도 항모에서 10여 대, 도쿄 인근에서 10여 대를 출격시킨다. 독도 상공에서의 전투기간 교전은 당시 해상에서 훈련 중이던 한국 광개토대왕함과 UH-60 해상기동헬기도 가세해 총력전으로 확대된다. 일본도 항공모함 이세호에 있던 F-35B 10대를 추가 출격시키며 대응했지만 역부족, 전투는 한국군의 승리로 끝난다.

일본 정부는 독도 상공 전 패배를 빌미로 한국에 대한 선전포고를 하고 자위대 총동원령을 내린다. 육상자위대 20만, 해상자위대 5만, 항공자위대 5만 명이 모두 돗토리현, 시마네현, 야마구치현 등지에 집결해 항공기와 군함으로 총공세에 나선다. 이에 맞서 한국군도 모든 화력을 일본 자위대에 집중, 만반의 대비태세를 갖춘다. 일본 항공자위대 전투기들이 요코스카 기지를 출발 서울과 부산을 목표로 발진, 이 움직임을 포착한 한국 공군도 오산 기지에서 전투기들을 총동원 발진시킨다.

한일 해협에서의 치열한 전투기간 교전이 벌어지는 사이 도쿄와 오사카, 교토, 후쿠오카 등지에는 미사일이 쏟아진다. 정부 핵심시설과 군사시설 등이 파괴되고 수십 만의 인명피해가 발생한다.

"싹 쓸어버리라우"

통일한국 북부 군사령관 김형후의 지시였다.

2031년 당시 한국은 통일 연방국가로 1국 2 체제, 외교 국방권은 북부가 별도로 가진 체제였다. 앞서 무너진 김정은 정권을 대신해 남쪽에서 심어놓은 이호우 위원장이 통치를 맡고 있었다. 북한 함경남도 원산 일대에서 발사된 중거리 탄도미사일은 도쿄 나가타쵸와 가스미가세키 등 핵심 행정 의회 시설 밀집 지역을 초토화시킨다. 나아가 일본 천황의 거주시설인 황거도 거의 흔적 없이 파괴시킨다.

한일 해협에서 펼쳐진 항공 전투는 한국군의 대 승리로 막을 내리고 동해 상에서 펼쳐진 해전도 일본의 대패로 끝난다. 육상 자위대원들은 한국땅 을 밟아보지도 못한 채 일본 정부는 항복하고 만다.

이틀 후 일본에 상륙한 한국군은 일본 자위대원들을 전원 무장해제시키고 포로수용소에 수용한다. 일본 국회의원과 정부 각 성청의 장차관들도 모 두 직위 해제하고 감금한다. 숨어 있던 일본 천황과 총리대신 이마무라 다 케오를 찾아내 한일 보호조약을 체결하도록 한다. 이것이 21세기판 한일 합방을 예고하는 조약. 이로써 일본은 얼마 후 한국의 식민지로 전락하게 된다.

2. 제5호 긴급조치 '일본어 금지령'

2031년 9월 7일 서울 청와대.유성국 대통령이 이마무라 다케오 일본 총리에게 악수를 건넨다.

"먼 길 오느라 수고했소. 앉으시오"

이마무라 다케오는 유 대통령의 얼굴을 한 번 훑어보고는 이내 고개를 떨군 채 굳은 표정으로 이야기를 듣는다.

"일본은 우리 대한민국의 영공을 침범했고 무력을 사용했소. 명백한 군사적 침략이며 그에 따른 손해배상은 물론 앞으로 모든 군사적 권리, 일본 자위대에 대한 명령권은 대한민국이 갖는 걸로 하겠소. 또한 오늘 부로 일본의 외교권은 박탈되고 대한민국이 대신 행사하는 것으로 하겠소. 다만 일본 내에서의 재정, 복지와 같은 내정은 총리 당신이 맡으시오. 부총리는 이상철 국방차관이 맡을 것이오"

이마무라 다케오 총리의 낯빛이 어두워졌다. 그러나 일본 자위대가 무장 해제되고 한국군이 일본 전역을 점령한 상태에서 이를 받아들이지 않을 수 없는 노릇이었다. 자신의 총리직을 유지하게 해 준 것만도 고마울 따름이었다.

"네, 알겠습니다. 적극 협력하겠습니다"

2031년 9월 28일 도쿄

"일본 내에서 모든 공식 언어는 한국어로 한다. 모든 행정기관과 학교에서는 한국어를 사용한다"

제5호 긴급 시행령이 대한민국 국무회의를 통과했다. 이에 따라 일본 총독부는 각급 학교와 정부 부처, 지자체 등 행정기관에서는 모든 문서를 한국어로 작성하도록 하고 대화 또한 한국어로 할 것을 지시. 한국어를 하지 못하는 자가 대부분이므로 당분간 한국인과 일본인 통역사를 배치해 업무를 돕도록 했다.

같은 날 우에노 아메요코쵸시장

"이제 일본말도 제대로 못쓰겠네. 한국 놈들이 일본어 사용 금지령을 내렸다잖아"

"그래? 그게 무슨 소리야? 왜 우리가 일본말 대신 한국말을 써야 돼?"

"그러게 말이야. 통치하기 편하게 하려고 그러는 거겠지. 그나저나 한국말을 어떻게 배운담?"

"그러게 진작 배워놓지 그랬어? 난 NHK 한글강좌 3년 들어서 기본적인 건 할 줄 아니까 그나마 다행일세"

상인들 사이의 화제는 제5호 긴급 시행령이었다. 한국어를 어떻게 배울 것인가 하는 걱정이 앞섰다. 앞으로 다가올 더 큰 문화 침략은 상상조차 못 한 채.

2031년 10월 4일 오사카오사카 제1 소학교 4학년 3반 교실

"차료, 손새니므께 콩례"

반장의 지시에 학생들이 담임교사에게 인사한다.

"요로분, 안뇽하시므니까, 쿄오까라 미나상, 캉꼬꾸고데 하나사나케레바 나리마셍.감바리마쇼"

(여러분 안녕하십니까. 오늘부터 한국어로 이야기해야 합니다. 힘냅시다)

"가 나 다 라 마 바 사 하...."

모든 교실마다 한글 읽은 소리가 울려 퍼졌다.

2031년 12월 9일 구마모토 미야마에 중학교 3학년 2반 교실

"나제 니혼진노 오레타찌가 캉꼬꾸고오 나라와나까 이께나인다요?" (왜 우리 일본인들이 한국어를 배워야 하는 거야?)

덩치가 큰 나카무라 다이스케가 불만 섞인 어투로 내뱉었다. 한국어 교육이 제대로 시행되고 있는지 감독활동을 나온 이상욱 일본 총독부 교육과장의 얼굴이 굳어졌다.

"뭐라고? 세종대왕께서 만드신 우수한 한글을 배우는 것이 너희 일본 놈들에게는 큰 영광인 줄 알아야 한다. 한국과 일본은 한 나라가 될 것이니 언어도 통일해야 해. 그러니 열심히 배워야 하지 않겠나?"

이상욱은 쩌렁쩌렁한 목소리로 내질렀다.

"나니 잇떼룬다! 오레타찌와 니혼진다!니혼진니와 니홍고데하나스켄리가 아루.후자케루나!" (무슨 소리야. 우리는 일본인이야. 일본인에겐 일본어로 이야기할 권리가 있어. 까불지 마)

나카무라가 벌떡 일어나 이상욱에게 대들며 소리쳤다. 이상욱은 들고 있던 전기충격기 삼단봉을 꺼내 펼치더니 나카무라의 목덜미를 겨냥한다

"이 새끼, 곧 식민지가 될 일본에 그런 권리 따위는 없어"

기세에 압도당한 나카무라는 자리에 털썩 주저앉는다.

그렇게 일본 전역의 모든 학교와 관공서에서는 한국어 교육이 실시됐다. 시간이 흐르며 일본어는 서서히 사라지기 시작한 것이다.

3. 한국
조폭 나석이 파의 일본 진출

2031년 12월 19일 명동두목 공나석이 이끄는 조직폭력 나석이 파 간부 30여 명이 한자리에 모였다.

"형님! 듣자 하니 일본 야마구치구미 야쿠자 녀석들이 한국인들을 괴롭히며 특히 돈 많이 버는 한국인들을 습격한다고 합니다"

넘버 3 이도관이 사뭇 심각한 표정으로 말문을 열었다.

"일본 전역에 있는 야마구치구미와 스미요시카이를 비롯한 3대 야쿠자 조직원들을 총동원해 도쿄와 오사카, 후쿠시마의 한국 가게 영업을 방해하면서 한국인들을 못살게 굴고 있답니다."

"맞습니다. 저도 한 다리 건너 아는 친구한테 들은 이야기인데, 오사카 재일동포 타운에서 일본 야쿠자 놈들이 사시미칼을 휘두르며 동포들과 한국인들을 무자비하게 긋고 다닌다고 합니다. 이놈들은 조센징을 죽이라고 소리치며 한국인 가게를 쑥대밭으로 만들어서 한국인들이 모두 겁을 먹고 있다고 합니다."

넘버 4 이한식이 거들었다.

공나석이 물었다.

"근데 일본에 주둔 중인 한국군과 경찰은 뭐 하고 있대?"

이도관이 답했다.

"한국군은 포로수용소에 수용 중인 일본 자위대 관리하느라고 바쁘고 한국 경찰은 아직 다 건너가지 못해 야쿠자들 잡아들일 만큼의 쪽수가 안 된답니다.

"음... 그놈들 참, 그럼 우리가 가서 혼좀 내줘야겠구나"

공나석이 주먹을 불끈 쥐며 내깔렸다.

"네 생각은 어떠냐?"

공나석이 넘버 2 한영욱을 쳐다보며 물었다.

"형님 이번 기회에 구역을 넓혀야 하지 않겠습니까? 이제 한반도로는 너무 좁습니다. 일본 열도로 우리 나와바리를 확장하는 게 좋겠습니다. 쪽발이 야쿠자 놈들 싹 쓸어버리고 우리 애들이 사업하도록 하시죠"

한영욱의 이야기를 들은 공나석이 고개를 끄덕였다.

"그래 함 붙어보자. 놈들 다 때려잡고 우리 깃발을 일본 열도 곳곳에 꽂자"

"네, 형님"

30여 명의 나석이 파 간부들이 동시에 외쳤다. 그다음 날 넘버 2 한영욱은 도쿄, 넘버 3 이도관은 오사카, 넘버 4 이한식은 후쿠오카로 향했다. 각자 3백 명의 조직원들을 데리고.

2031년 12월 24일 크리스마스이브날 도쿄 신주쿠 가부키쵸 코마 극장 앞.

검은 양복과 검은 넥타이 차림의 나석이 파 조직원들이 도열했다. 모두 검은 가죽장갑을 끼고 허리춤에는 30cm 회칼을 칼집에 넣은 채 차고 있었다. 지나가는 시민들은 이들과 눈을 마주칠까 겁나 하나 둘씩 피하기 시작한다. 앞니 2개가 빠진 한영욱이 빡빡머리를 문지르며 말했다.

"다들 준비됐나?"

"네, 형님"

코마 극장 앞이 쩌렁쩌렁 울렸다.

"이제부터 야쿠자 새끼들과의 전쟁이다. 우리는 선량한 한국인과 우리 동포들의 가게와 영업권을 지켜준다. 방해하는 야쿠자 놈들은 다 처단한다. 알겠나?"

"네, 형님"

4. 신주쿠 혈투

한국 조직폭력단이 건너왔다는 걸 알게 된 야마구치구미의 오야붕 야마구치 히데오는 전날 대책회의를 연다. 아카사카 히토츠키도오리의 한 비밀 클럽. 간부 20명을 불러 모은 야마구치 히데오는 한국 조폭과의 전쟁에 응할 것인가? 무릎을 꿇을 것인가를 묻는다.

"한국이 일본땅을 지배하고 있는 지금 조폭까지 활개 치도록 내버려둘 순 없습니다. 반드시 저지해야 합니다"

"맞습니다. 나석이 파 조센징에게 닛뽄노 타마시이(혼)까지 내줄 순 없습니다. 차라리 하라키리(할복)를 택하겠습니다"

"그렇습니다. 저들에게 닛뽄또(일본도)의 맛을 보여줘야 합니다"

"우리 나와바리를 꼭 지켜야 합니다"

"옳소!"

싸우자는 목소리가 꼬리를 물었다. 그러는 사이 한쪽에서 누군가 테이블 바닥을 치더니 외쳤다.

"잠깐! 모두들 침착해야 합니다. 냉정하게 이성적으로 판단해야 합니다. 한국 조폭들은 여기 한국 경찰의 비호아래 활동할 게 뻔합니다. 전쟁에 응할 경우 그걸 빌미로 한국 경찰은 우리 야쿠자 조직원들을 모두 체포해 감금할 겁니다. 그럼 우린 고스란히 우리 나와바리를 저들 한국 조폭에게 내주는 꼴이 되고 말 겁니다."

야마구치구미의 넘버 2 이토 타로가 끼어들었다.

"그럼 어쩌자는 거냐? 그냥 무릎 꿇고 우리 나와바리를 바치자는 거냐?"

침착하자고 외쳤던 니시마 타다오는 천천히 일어섰다.

"싸움을 최소화하고 그들과 협상을 통해 타협을 하자는 겁니다. 나와바리를 다 내줄 바에야 타협을 통해 그들과 공동 운영하자는 쪽으로 타협하자는 겁니다. 그게 우리가 살길입니다. 당분간은 그렇게 타협해 공동 운영하고 후에 때를 봐서 그들의 오야붕을 처단해 우리 세상을 다시 만들어야죠"

야마구치 히데오는 어금니를 깨물었다.

"칙쇼!" "일단 싸운다. 놈들이 어느 정돈지 일단 싸워보고 판단한다. 가오가 있지, 처음부터 무릎을 꿇을 순 없지. 이토! 너는 신주쿠 신오쿠보에서 한국 조폭을 유인해라. 니시마! 너는 후방에서 이토를 돕다가 타협에 대비해라!"

오야붕의 명령이 떨어지자 꼬붕들이 일제히 고개 숙이며 외친다

"하이!"

다시 신주쿠 가부키쵸 코마극장 앞.

넘버 2 한영욱이 이끄는 나석이 파 2백 명이 움직이기 시작한다. 첫 목표물은 가부키쵸 러브호텔 밀집지역에 자리 잡은 한국음식점 '일룡'. 야쿠자들이 보호세를 내라며 주인을 괴롭히고 있다는 정보원의 연락을 받고 곧장 출동한다.

"오이, 여기서 장사하려면 내 허락을 받아야 하는데 왜 허락도 없이 여기서 장사를 하는 거야? 어?"

야마구치구미 야쿠자 꼬붕 3명이 한국 설렁탕집 '일룡' 안에서 행패를 부리고 있었다. 이때 들어선 한국 조폭 행동대원 3명. 터질듯한 근육질의 이들은 야쿠자들을 향해 "니들이 야마구치구미냐? 좋은 말로 할 때 무릎 꿇

어라"라고 건네자 조롱 섞인 웃음이 흘러나온다.

"난다또?(뭐라고?) 네가 미쳤구나. 여기가 어디라고 함부로 지껄이는 게 냐?"

순간 조폭 행동대원 1의 주먹이 야쿠자 행동대원 1의 얼굴을 가격한다. 이를 본 야쿠자 행동대원 2는 품속에서 연장을 꺼낸다. 30cm 회칼. 그리고 휘젓는다. 다른 야쿠자 행동대원 3은 들고 있던 일본도를 칼집에서 꺼내 조폭 행동대원 2를 겨눈다. 동시에 주먹과 회칼, 일본도가 바람소리를 내며 공기를 가른다.

가게는 피비린내 나는 전장으로 변한다. 야쿠자 1명은 그 자리에서 숨을 거뒀고 1명은 중상, 경상 입은 한 명은 무릎을 꿇은 채 빌고 있다.

"니 오야붕한테 가서 전해. 이제 도쿄는 우리 한국 나석이 파 구역이라고! 알겠어?"

"하이!"

"어서 썩 꺼져!"

간신히 목숨을 건진 행동대원 3은 중상을 입은 행동대원 2를 부축해 달아났다.나석이파 일당은 '일룡'을 나서 신오쿠보 쪽으로 발걸음을 옮겼다. 그런데 그때 길 건너 신주쿠역 쪽에서 한 무리가 진을 치고 있다. 한 손에 일본도 한 자루씩 쥔, 그리고 일본 전통 의상인 하카마를 걸친 야마구치구미 소속 야쿠자들이다. 5백 명은 족히 될 듯싶다. 이쪽 나석이 파는 2백 명. 녹색 신호가 켜지자 야쿠자 일당이 함성을 지르며 달려온다. 일본도를 높이 치켜들고.

"싹 쓸어버려!"

넘버 2 한영욱의 굵직하고도 높은 목소리에 한국 조폭들이 뛰어든다. 회칼과 쇠파이프, 각목을 들고.30분 간 치열하게 펼쳐진 신주쿠 전투. 야쿠자 280명이 나가떨어졌다. 신주쿠역 가부키쵸 건너편 광장은 피로 물들었다. 한국 조폭 30명도 목숨을 잃었다. 야쿠자 20명이 무릎을 꿇었다. 한영욱은 일본도를 높이 치켜들었다. 차례로 야쿠자들의 목을 베었다. 마지막 한 명의 턱을 들고 말했다.

"살려줄 테니 니 두목에게 가서 전해라. 도전은 한 번만 더 받아준다고" 한국 조폭과 일본 야쿠자간의 도쿄 신주쿠 전투는 이렇게 끝났다. 2차 전투를 예고한 채.

5. 이케부쿠로 제안

"형님, 신주쿠는 접수했으니 이번엔 이케부쿠로를 접수해야겠습니다. 거기만 손에 넣으면 도쿄 전체가 다 형님 게 됩니다"

도쿄에 건너온 공나석에게 한영욱이 코를 실룩이며 말했다.

"한국 경찰은 우리가 하는 일을 못 본척해주고 있으니 이럴 때 싹 쓸어버려야 합니다."

한영욱은 빗자루 쓰는 흉내를 내며 이어갔다.

"도쿄만 확실히 손에 넣으면 오사카와 후쿠오카도 차례로 넘어올 겁니다. 거기 도관이와 한식이 애들이 이미 손을 쓰고 있으니까요. 여기 먼저 해치우고 그쪽 애들 도우러 가야 하지 않겠습니까 형님!"

한영욱의 목소리에 자신감이 넘쳐 보였다.

"그래, 야마구치 애들 혼줄 좀 났겠지. 그래도 그렇게 녹록지 않은 놈들이니 조심해야 해. 너무 코너로 몰다가 일을 그르치는 수가 있어. 쥐새끼도 궁지에 몰리면 고양이를 물거든"

나석이 파 일당이 이케부쿠로 접수를 준비하며 몸을 가다듬고 있는 사이 신주쿠 전투를 보고받은 야마구치구미 오야붕 야마구치 히데오는 미간을 찌푸렸다. 끓어오르는 분노를 삭일 수 없다는 몸짓으로 묵직하게 내뱉었다.

"고노야로! (이 새끼) 가만두지 않겠어. 일본 야쿠자의 힘을 보여주고 말겠어. 이토! 혼슈(일본열도를 구성하는 4개의 섬 중 가장 큰 섬)의 모든 지역 오야붕들에게 긴급 지원 요청해! 우리가 먼저 친다! 이틀 후에! 내일까지 이케부쿠로로 집결하라고 연락해!"

"하이!"

이토 타로는 즉시 니가타, 나고야, 히로시마, 후쿠시마, 아오모리 등 일본 혼슈 전역의 지역 오야붕들에게 긴급 메시지를 띄웠다.

"한국 조폭들 도쿄 침략! 전쟁 발발. 모든 조직원들은 내일 정오까지 이케부쿠로역으로 집결하라!"

소식을 전해 들은 야마구치구미뿐 아니라 전국의 모든 야쿠자 파벌 조직원들이 도쿄 이케부쿠로로 향했다. 검은 자동차 행렬이 고속도로를 시커멓게 수놓았다. 이튿날 오전 11시 이케부쿠로역은 온통 검은 양복 차림의 야쿠자들로 북적였다. 목덜미에는 푸른색 문신이 귀밑까지 그려져 있었고 머리는 빡빡 밀었거나 기름칠을 한 놈들이 대부분이었다. 숫자는 어림잡아 2천 명을 족히 넘어 보였다. 이토 타로가 확성기를 손에 잡았다.

"전국 각지에서 모인 형제 여러분! 우리는 지금 백척간두의 위기상황에 놓여 있습니다. 한국이 일본을 점령한 것도 모자라 한국 조폭까지 우리 일본에 건너와 우리 사업권을 빼앗아가려고 하고 있습니다. 저들은 우리 조직원들을 무참히 살해했습니다. 이제 그냥 보고 있을 수만은 없습니다. 저 조센징 놈들을 다 쳐 죽이고 우리 일본을 지켜야 합니다. 한놈도 남기지 말고 모조리 베어버립시다!"

이토의 선동에 이케부쿠로역 앞은 벌써부터 피비린내가 나는 듯했다. 한편 신주쿠에 진을 치고 있던 나석이 파는 야쿠자들이 이케부쿠로에 집결하고 있다는 정보를 미리 입수하고 오사카와 후쿠시마로 갔던 조직원들을 신주쿠로 불러들였다. 조직원은 모두 8백여 명. 상대는 두 배를 훨씬 넘는 숫자. 열세였지만 공나석은 두려워하지 않았다.

"형님, 우리 애들 대미지도 클 것 같은데요"

막 도착한 이도관이 염려스럽다는 듯 속삭였다. 공나석은 고개는 움직이지 않은 채 시선만 이도관을 바라보며 말했다.

"꼭 피비린내를 맡아야겠나? 그쪽 오야붕도 신사도는 안다고 하니까 양쪽 다 죽는 일은 없을 거야"

"네?"

이도관은 영문을 모르겠다는 표정을 지었다.

이케부쿠로역 앞 시계탑의 바늘은 정오를 가리키고 있었다. 이윽고 지하철역에서 쏟아져 나오는 나석이 파. 전투를 앞둔 역전 일대는 긴장감에 사로잡혔다. 행인들은 모습을 감췄다. 차도를 사이에 두고 양측이 도열했다.

야쿠자들은 일본도를 조폭들은 회칼을 들었다. 누군가 신호를 내리면 일제히 죽고 죽이기의 살육이 시작될 터였다. 고요했다. 차도에 통행하는 차도 끊겼다. 양쪽에서 조직원들이 차량을 통제해 마치 보행자 천국 거리처럼 변했다. 하지만 차도에는 개미 한 마리 보이지 않았다. 고요한 정적이 흐르고 있을 때 누군가 차도 한복판으로 걸음을 옮기며 말했다.

"내가 보스 공나석이다. 너희 오야붕은 누구냐? 상판대기 한번 보자!"

건너편 무리 사이에서 길이 열리며 날렵한 몸매의 사나이가 양쪽 바지 주머니에 손을 넣은 채 걸어 나온다.

"와시가(내가) 야마구치 히데오다. 들었던 것보다 덩치가 크구나"

110kg도 넘어 보이는 거구, 하지만 근육질로 다듬어진 묵직한 체구의 공나석을 보며 야마구치가 답했다.

"너희 야쿠자들이 한국 사람들 괴롭힌다고 해서 우리가 혼좀 내주려 여기왔다. 지난번 신주쿠에서 교육 좀 시켰는데 그래도 포기를 안 한다고 하더군"

"여긴 일본 땅이야. 너희 조센징들이 설쳐댈 곳이 아니라고"

"쪽발이 놈들, 지금이 어느 때인 줄 알고 감히, 일본은 한국의 식민지나 다름없다고"

"여기 우리 아이들, 약이 바싹 올라 있거든. 오늘 이케부쿠로 전투로 지난번 신주쿠 패배를 앙갚음해주겠다"

"근데 말이야, 우리가 여기서 칼질을 해대면 모르긴 몰라도 아마 절반은 죽어나갈 거야. 그치? 과연 그럴 필요 있을까?"

"뭔 개소리야?"

"이건 어때? 너랑 내가 다구리 없이 붙는 거야. 한놈 쓰러질 때까지 붙어서 이기는 쪽이 나와바리 접수하는 걸로 하자 어때? 내가 지면 서울 내줄 테니"

"음..." 야마구치의 머릿속이 복잡해졌다.

"이 조센징 새끼 뭐라는 거야. 1대 1로 싸워보자고?"

거구의 공나석을 위아래로 훑어보며 야마구치는 머리를 굴렸다.

"뭘 그리 오래 생각해? 자신 없어? 그러고도 네가 오야붕이냐?"

공나석은 슬슬 약을 올렸다.

"좋다. 대신 조건이 있다"

"무슨 조건?"

"날짜와 장소, 방식은 내가 정한다"

"무슨 귀신 신나라 까먹는 소리 하고 있냐? 지금 여기서 붙으면 되는 거지!"

"너도 제안을 했으면 나도 제안을 할 권리가 있지 않나? 받아들이지 않겠다면 여기서 전면전을 벌이는 수밖에"

이쯤 되니 공나석도 손해 볼 게 없었다.

"좋아, 네 제안을 받아들이겠다 "언제 어디서 어떤 방식?"

"일주일 뒤 부도칸(무도관)에 설치된 펜타곤에서 UFC 방식으로"

야마구치 히데오는 이종격투기 선수 출신이었다. 지금도 매주 일요일은 이종격투기 대련으로 체력을 길러온 터였다.

이를 알 턱이 없는 공나석

"뭐라? 이종격투기? 그거 참 흥미진진하겠는 걸, 좋아 받아주지. 내가 지면 깨끗이 물러나 한국으로 돌아가 주지, 네가 지면 도쿄는 물론이고 일본 전역은 우리가 접수하는 거다. 알겠지?"

6. 부도칸 격투

해가 바뀌어 2032년 1월 3일 신사마다 하쓰데모우데를 하러 온 인파로 넘쳐났다. 도쿄 시내의 메이지진구 역시 그랬다. 국방권과 외교권을 박탈당한 일본 국민들은 비교적 차분했다. 일본이 곧 한국에 넘어갈 것이라는 소문이 파다했지만 별 저항의 움직임은 나타나지 않았다. 신년을 맞아 가족의 행복과 건강을 기원하는 가족단위행렬이 예년처럼 길게 이어졌지만 국가의 재건을 기원하는 기도 소리는 들리지 않았다.

인파 가운데 책 한 권을 옆구리에 낀 깡마른 체격의 청년이 본전 앞에 섰다. 13년 후인 2045년 일본 독립군을 이끄는 지도가가 될 나가노 유키오였다. 나가노 유키오는 줄을 흔들어 종을 울렸다. 양손을 모아 두 번 손뼉을 치고는 고개를 숙였다. 신사에서 종을 울리는 것은 신사에서 모시는 신의 혼을 불러내는 의식이다. 대개 3~4초 가볍게 묵례하며 소원을 비는 것으로 의식을 끝내는데 청년은 달랐다. 30초가 흐르고 1분이 흘러도 고개를 들지 않았다. 눈을 꼭 감고 손은 합장한 채 꼼짝하지 않았다. 순서를 기다리던 이들 가운데서 몇 명이 수군거리기 시작했다. 청년은 메이지진구가 모시는 메이지 천황의 혼을 불러내려고 하는 듯했다. 메이지진구는 바로 메이지 천황을 모시는 신사였다. 1분 20여 초가 흘렀을까. 줄 서서 기다리던 다른 참배객들이 짜증스러운 표정으로 쳐다보고 있을 때 다른 청년이 다가왔다.

"오이 나가노! 귀신이라도 불러내려는 건가? 뒤 사람들 기다리잖아?"

나가노의 동경대 친구 이철훈이었다.

"아! 시쯔레~(실례)"

마치 잠에서 깨어난 듯 나가노 유키오는 급히 목례를 한차례 한 후 비켜섰다.

"무슨 기도를 그렇게 오래 한 거야?"

"아~ 아무것도 아냐"

"그나저나 내일 오후 부도칸에서 아주 재미난 격투기 경기가 열린다는데, 들었나?"

"부도칸에서 격투기?"

부도칸에서 격투기 경기가 열린다는 건 매우 이례적이었다.

"그래, 그것도 한일전이라네"

"한일전?"

"심지어 더 재밌는 건 한국에서 원정 온 조폭 두목과 야마구치구미 오야붕 간의 1 대 1 대결이라고 하더군. 같이 가보지 않겠나?"

"…"

"왜 품격 떨어질까 봐?"

"그게 과연 공정한 게임이 될까?"

"불공정할 건 또 뭔가? 양국 폭력 조직 간의 살육 대신 보스끼리의 대결로 승부를 가르기로 했다더군. 야마구치가 자기 특기인 격투기를 제안했는데 상대인 공나석이 110kg의 거구인데다 태권도 유단자여서 아주 흥미진진한 시합이 될 것 같아. 숙희하고 가기로 했는데 너도 같이 가자"

이철훈은 한일 축구전을 보러 가자고 하듯 나가노 유키오에게 이야기했다.

나가노 유키오는 "이건 자존심이 걸린 시합이군"이라며 선뜻 같이 가기로 한다.

2032년 1월 4일

부도칸 주변에 아침부터 사람들이 몰렸다. '한일 자존심 대결, 양국 폭력단 보스 간의 결투, 110kg vs 75kg, 태권도 vs 가라테' 마이니치신문의 사회면 톱기사 헤드라인이었다. 도쿄경시청을 장악한 한국 서울지방경찰청 도쿄지청 이감응 경감은 미소를 머금은 채 신문을 응시했다.

"미친놈들이군"

이감응은 일본 경찰 정보과 출신인 다나카 요시오에게 신문 기사를 펼쳐

보이며 말했다.

"하이! 시합을 중단시키고 모두 체포할까요?"

"아니, 놔둬. 대신 게임이 공정하게 이뤄지도록 쪽빨이 경관을 부심판으로 배치하고 혹시 모를 소요에 대비해서 주변에 병력 배치하고 잘 감시해"

부도칸에는 세기의 격투기를 보러 오는 한일 양국 관객들로 인산인해를 이뤘다. 야마구치구미 소속 야쿠자들을 비롯해 일본 전역의 야쿠자 파벌 소속 행동대원들도 대거 몰렸다. 얼굴에 칼자국 아니면 손가락이 하나 없거나 이빨이 한두 개 빠졌거나 흉악한 표정의 야쿠자들이 먼저 부도칸 입구에 도열해 있었다. 나석이 파 일행이 도착한 시간은 오전 11시가 좀 안 돼서였다.

"야 이 쪽빨이 야쿠자 새끼들아! 지금 시위하냐? 그 긴 칼 뭐냐? 선량한 시민들 겁나게시리. 다 안 치울래?"

나석이 파 넘버 4 이한식이 눈을 부라리며 소리쳤다.

"그럼 너네들도 무기는 다 치워" 야쿠자 중간 보스쯤으로 보이는 자가 말했다.

양쪽에서 일본도와 회칼, 도끼들이 쏟아져 나왔다. 몸수색이 시작됐고 양쪽 행동대원들이 입장한다.

178cm 75kg의 다부지면서도 날씬한 체격을 가진 야마구치 히데오가 웃통을 벗은 채 팔굽혀펴기를 한다. 일어서서는 가볍게 스텝을 밟으며 몸을 푼다.

"고노야로! (이 새끼) 내가 격투기만 10년을 했어. 일본 가라테의 쓴맛을 보여주고 말겠어!"

속으로 자기 최면을 걸듯 읊조린 야마구치 히데오가 욱일기로 몸을 감싼다.

187cm 110kg의 거구이면서 근육질 몸을 가진 공나석이 샌드백을 두드린다. 반달차기에 이어 돌려차기. "우두둑 우두둑" 목을 한 바퀴 돌리며 씩

웃는다.

"쪽발이 새끼, 넌 오늘 뒈졌어!"

11시 58분

각자 대기실에서 있던 두 사람이 동문과 서문을 통해 부도칸 안에 설치된 옥타곤을 향하는 순간 우레와 같은 함성 소리가 울려 퍼진다.

"야마구치 오야붕 감바레! 닛뽄 감바레!"

"대~한민국, 짝짝짝 짝짝! 조폭 보스 공나석 파이팅!"

양국을 대표하는 조직폭력배를 응원하는 함성이 메아리치는 웃지 못할 상황이 일본 부도칸에서 연출됐다.

"아주 흥미진진한걸~. 야마구치가 이기면 나석이 파는 한국으로 돌아가는 거고, 공나석이 이기면 일본 야쿠자들이 한국 나석이 파의 꼬붕이 되는 거 겠지"

VIP석에 앉아있던 이감응이 혼잣말처럼 내뱉었다.

"하이! 소우데스네.(네, 그렇죠) 누가 지든 깨끗이 승복해야 할 텐데요"

옆에 서 있던 다나카 요시오 형사가 받았다.

객석의 열기가 점점 뜨거워졌다. 미국인 심판이자 사회자가 옥타곤 위에 올랐다.

"레이디스 앤 젠틀맨! 오늘 동아시아 최대 경기가 펼쳐집니다. 손에 땀을 쥐는 경기가 될 것 같은데요. 양쪽 선수를 소개합니다. 먼저 한국 대표입니다. 신장 187센티미터, 체중 110킬로그램. 태권도 7단, 유도 2단 공나석!"

나석이 파가 일제히 함포사격하듯 함성을 울렸다. "우와~ 형님 파이팅!"

"일본 대표입니다. 신장 178센티미터 체중 75킬로그램. 가라테 6단, 주짓수 1단. 야마구치 히데오!"

순간 부도칸이 들썩였다. "닛뽄 감바레! 야마구치 오야붕 감바레!"

진한 초록빛과 붉은빛의 용 한 마리가 승천을 준비하듯 똬리를 튼 문신이 발목부터 목 아래 가슴까지 새겨져 있다. 훈도시 차림의 야마구치가 옥타곤에서 몸을 푼다.

호랑이가 앞발을 든 채 포효하며 흰 이빨을 드러낸다. 건너편 펜타곤에서 어깨를 푸는 공나석의 등에 그려진 문신이다.

"댕~"

묵직한 종소리와 함께 호랑이와 용의 격투가 시작된다.

먼저 호랑이가 치켜올린 앞발로 용을 내리찍는다. 용은 몸을 틀고는 호랑이의 다리를 감아올린다. 그리고는 하강하듯 눕힌다.

"얍빠리 네와자다죠" (역시 테이크다운이지)

야마구치를 응원하는 일본인 관객들 사이에서 탄성이 흘러나온다. 야마구치는 격투기를 하면서 테이크 다운 기술을 연마했다. 상대를 쓰러트리고 위에 올라타 파운딩을 하거나 팔을 꺾는 게 그의 특기다.

널브러진 호랑이가 뒤집기를 시도한다. 그런데 이미 용은 호랑이 몸뚱아리를 칭칭 감은 채 올라와 있다. 용의 공격이 시작된다. 파운딩.

공나석은 어이없는 테이크다운 공격에 당황, 야마구치의 주먹이 매섭게 자신의 왼쪽 눈언저리를 가격하는 걸 지켜본다. 오른쪽, 왼쪽, 다시 오른쪽 10여 차례 주먹세례를 받은 공나석이 몸을 비틀며 허리를 곧추세운다. 출렁이며 균형을 잃은 야마구치의 아랫도리를 향해 발길질. 야마구치가 나가떨어진다. 낭심을 부위를 부여잡고 고통을 호소하자 심판이 제지. 10초간 타임 후 호랑이와 용은 다시 옥타곤에 선다.

탐색전이다.

"어라 이 새끼, 드러 눕히는 게 특기인가 보네. 쪼잔하게... 정정당당하게 한 방으로 할 것이지"

호랑이가 짜증을 낸다.

용의 테이크다운 시도가 계속된다. 덩치 큰 상대와 정면 대결하는 것은 승산이 없다고 판단한 것. 넘어뜨리고 마운트 상태에서 파운딩을 하거나 암바 기술로 상태 팔을 꺾어 항복을 이끌어내는 수밖에 없다. 양손으로 호랑이 다리를 잡아 자빠뜨리려는 궁리만 하는 사이, 클린치 상태에서 공나석의 니킥이 야마구치의 턱을 날린다. 예상치 못한 공격이었다. 공나석의 축구공만 한 무릎 공격에 야마구치의 각진 턱이 부서지는 듯했다. 자빠져 버린 야마구치를 호랑이가 놓칠 리 없다. 110kg 체중을 실어 공중으로 점프, 양발로 녀석의 배를 짓밟는다. 충격이 크다. 턱이 부서진 용은 복부를 하중 5백 킬로그램은 될법한 충격을 받고는 나뒹군다.

"땡~" 순간 1라운드 종료를 알리는 종소리가 울린다. 야마구치에게는 구세주와 같은 종소리였다.

1분 휴식 후 이어진 2라운드.

의기양양해진 공나석이 오른팔을 휘휘 휘둘렀다. 정신을 차린 야마구치는 오른손으로 덤비라는 손짓을 한다. 공나석이 달려들었다. 왼손으로 잽을 두어 번 날리더니 뒤돌려 차기로 놈의 턱을 노린다. 야마구치는 순식간에 고개를 숙인다. 그리고는 버티고 있던 공나석의 왼 다리를 낚아챈다. 공나석이 넘어진다. 야마구치가 마운트에 오른다. 정신을 차릴 수가 없다. 파

47

운딩 공격에 옥타곤이 뱅뱅 돈다. 이대로 맞고만 있을 수는 없다. 테이크다운에서 클린치. 놈의 팔을 붙들어맨다. 10여 초가 지났을까. 체중을 실어 뒤집기를 시도한다. 드디어 스윕에 성공. 호랑이가 용을 올라탔다. 엉덩이로 녀석의 배를 완전히 깔고 앉았다. 이제 내리치기만 하면 된다. 웃음기 띤 표정으로 야마구치의 눈을 쳐다본다. 겁먹은 눈빛이다. 그런데 살기가 있다. 야비한 표정이다. 공나석의 오른 주먹이 야마구치의 반쯤 찢어진 오른쪽 눈을 내리친다. 핏방울이 튄다. 이어 공나석의 왼 주먹이 야마구치의 코에 내리꽂힌다. 코 뼈가 부러지는 소리가 들린다. 거구의 호랑이가 날렵한 용의 허리춤에 눌러앉은 채 포효한다. 날카로운 발톱을 치켜세운 채.

순간 이번엔 야마구치의 스윕이 성공한다. 다시 공수가 뒤바뀌고 이번엔 야마구치의 엘보 공격이 공나석의 턱에 꽂힌다. 스윕이 두세 차례 이어지고 두 사람 모두 기진맥진. 2회전 종료를 알리는 종소리에 둘 모두 안도의 숨을 내쉰다.

마지막 라운드. 죽기 살기로 싸워야 한다. 공나석은 한방의 순간이 오기만을 기다렸다. 야마구치는 초크나 암바의 기회를 노렸다. 야마구치가 먼저 테이크다운에 성공했다. 완전히 마운트에는 오르지 못했지만 한쪽 다리를 제압한 채 클린치를 피해 가며 공나석의 팔을 공략했다. 드디어 암바의 기회가 왔다. 공나석의 왼팔이 걸려들었다. 왼쪽 다리로 공나석의 목을 누르고 오른 다리로 공나석의 배를 누였다. 양손으로 공나석의 오른팔을 붙들고 꺾는다. 공나석의 팔뼈가 부러지기 직전이었다. 공나석은 지옥 문 앞까지 가는 고통에 뼈가 부러질 듯한 심한 통증에 왼손으로 옥타곤 바닥을 두드릴 뻔했다. 그러나 이대로 야쿠자에게 패배할 순 없었다. 온갖 생각이 공나석의 머리를 스쳐 지나갔다. 한국 조폭의 자존심이 무너지는 순간이었다. 공나석의 왼손 주먹이 야마구치의 낭심을 향해 날았다. 야마구치의 입에서 비명이 흘러나왔다. 암바는 풀렸다. 다시 스탠딩. 반칙이었지만 위기를 모면한 공나석이 야마구치를 향해 고개를 살짝 숙였다 올렸다, 반칙에 대한 미안함의 표시였다.

"파이트!"

미국인 심판의 경기 독촉에 싸움이 재개된다. 남은 시간은 30초. 야마구치가 잽싸게 달려든다. 공나석의 다리를 향한다. 공나석이 몸을 왼쪽으로 비튼다. 오른쪽 다리로 야마구치의 목을 겨누며 옆차기를 날린다. 정확이 야마구치의 목에 내리꽂힌다. 야마구치가 휘청인다. 팔이 축 늘어진다. 공나석이 몸을 왼쪽으로 돌린다. 이번엔 왼발 돌려차기. 야마구치의 왼쪽 광대뼈가 부서진다.

"철퍼덕"

그대로 피범벅 바닥에 엎어진 야마구치가 움직이지 않는다. 순간 부도칸에 정적이 흐르고 한편에서 함성이 쏟아진다.

"대한민국 조폭이 일본 야쿠자를 쓰러뜨렸다!"

"이제 한국 조폭이 야쿠자를 먹겠구먼. 다나카, 앞으로 바빠지겠어"

이감응 경감이 썩은 미소를 지으며 다나카를 응시했다.

일본 야쿠자 조직과 한국 조폭 간의 형제 선언식은 1월 25일 저녁 제국호텔서 개최하는 것으로 예고됐다. 말이 형제 선언식이지, 야쿠자들이 한국 공석이 파에게 충성을 맹세하는 자리가 될 것이었다.

격투기 용어 설명

파운딩: 마운트포지션 상태에서 상대방 얼굴에 주먹을 내리꽂는 것

스윕: 그라운드 상태의 가드포지션 선수가 상대를 뒤집고 상위포지션을 차지하는 것

초크(조르기) : 상대방의 목을 조르는 기술. 경동맥을 압박하기 때문에 위험하다.

암바: 팔꿈치를 꺾는 기술

클린치: 양 선수가 서로 껴안고 있는 상태

7. 형제선언식

2032년 1월 25일 드물게 도쿄에 눈이 내렸다. 밤사이 소복이 쌓인 눈 때문에 히비야공원이 하얗게 물들었다. 아카사카 프린스 호텔과 뉴오타니 호텔에 나뉘어 머물고 있는 나석이 파 일당이 검은색 승용차 행렬로 속속 제국호텔 정문 앞에 도착했다. 기다리고 있던 야마구치구미 일행이 일행을 맞는다.

 "오스!(야쿠자들의 인삿말. 오하요우고자이마스의 줄임말) 어서 오십시오
"

야마구치 히데오가 공손하게 공나석에게 고개를 숙인다. 코 뼈가 부러진 야마구치 히데오의 목소리에 콧소리가 섞였다. 시퍼렇게 멍든 양쪽 눈은 잠자리형 선글라스로 감췄다. 턱에는 붕대를 감은 채였다.

"3주가 지났는데 아직인가? 하긴 내 주먹 맞고 성한 놈이 없었으니까. 어이 야마구치, 며칠 있으면 괜찮아질 거야. 내가 한국에서 기력 회복에 좋은 한약 공수해왔거든"

공나석이 청색 각진 손상자 하나를 야마구치 히데오에게 건넨다.

"거르지 말고 먹어"

"아니끼, 아리가또고자이마스"(형님, 감사합니다)

야마구치는 공나석을 형님이라 부르며 고마움을 표시했다.

제국호텔 2층 그랜드볼룸엔 야마구치구미 간부들을 비롯해 일본 전역에서 올라온 각 지역 야쿠자 구미쵸(각 야쿠자 조직 두목)들이 모여 있었다. 공나석 일행이 들어서자 모두들 일어나 예를 갖췄다.

"한국에서 오신 공나석 회장님께서 도착하셨습니다"

사회를 맡은 재일동포 출신 일본인 귀화 예능인 이타바 마사오의 목소리였다.

"자 그럼 지금부터 한국 최대 대부 업체인 나석그룹과 일본 최대 부동산임대업 그룹인 야마구치구미 간의 형제 선언식을 거행하겠습니다. 공나석

회장님과 야마구치 히데오 회장님을 모시겠습니다"

두 사람은 연단 앞에 놓인 방석을 향해 걸어간다. 먼저 공나석이 양반다리로 앉자 야마구치 히데오가 그를 바라보는 자세로 무릎을 꿇고 앉는다. 이타바 마사오가 두 사람 앞에 놓인 오초코(사케용 술잔)에 돗쿠리(뜨거운 사케를 담는 병)에 든 사케를 따른다.

"두 회장님께서는 이 술잔을 높이 들고 두 그룹이 형제가 되었음을 만 천하에 고합니다. 여기 계신 여러분은 일제히 감빠이(건배)를 외쳐주시기 바랍니다. 두 분의 건배와 여러분의 건배로 여기 계신 모든 분들이 이 순간 이후 형제가 되는 것입니다. 준비되셨으면 회장님들 건배하시죠"

야마구치 히데오가 입을 열었다. 그동안 우리 야마구치구미를 비롯한 일본 야쿠자들은 일본 전역을 제각각 나누어 관리해왔습니다. 하지만 지금부터는 공나석 아니끼(형님)의 지도 아래 하나로 뭉치게 됐습니다. 공나석아니끼의 한국과 일본 열도 지역 통일을 축하드리면서 건배를 제의합니다"

입이 벌어진 공나석이 받았다.

"여러분도 잘 알고 있겠지만 일본은 과거 제국주의 시절 우리 한국을 우습게 보고 식민 지배를 한 적이 있었습니다. 그때도 우리 주먹은 일본 야쿠자와 대등한 관계를 가졌었어요. 종로 김또깡(김두한), 유명하지 않습니까? 이제 시대가 바뀌어 일본이 한국 식민지로 전락할 위기에 놓여있어요. 하지만 우리네 주먹 쓰는 사람들은 다 한 가족이에요. 앞으로 피를 나눈 형제처럼 지내며 두 그룹의 이익을 극대화할 수 있도록 노력합시다. 자 모두 잔을 높이 치켜들고 건배를 외칩시다, 건배!"

"건배!"

제국 호텔 전체에 건배 소리가 울려 퍼졌다. 그랜드볼룸을 가득 메운 5백여 명의 함성이었다.

"형제 선언식의 하이라이트, 충성 맹세가 있겠습니다"

이타바 마사오가 다소 긴장된 목소리로 말했다. 야쿠자 하나가 쟁반을 갖고 등장한다. 쟁반 위에는 7cm짜리 단도와 도마가 올려져 있다. 야마구치 히데오가 쟁반을 받아들고는 이마 위로 올렸다 자신의 무릎에 내려놓는다. 무대 뒤에선 머리에 하치마키(머리띠)를 두르고 훈도시(기저귀같이 생긴 남자들의 팬티)만 찬 사내가 대북, 타이코를 울려댄다.

"둥!" "둥!"

긴장감이 고조되고 야마구치 히데오가 도마 위에 자신의 왼손을 옆으로 가지런히 놓고 오른손으로 단도를 쥔다.

그리고는 왼쪽 새끼손가락 두 마디째 바깥에 단도의 끝을 대고 45도 각도로 올린다.

"둥!"

"아니끼, 충성을 맹세하는 의미로 제 손가락을 바칩니다"

의연한 표정으로 야마구치 히데오가 외친다.

"쓱"

0.1초 만에 그의 새끼손가락이 잘려나간다. 피가 철철 흐르는 새끼손가락을 베이지색 보자기에 잘 싸고는 자신의 손에도 같은 보자기를 두른 후 손가락 두 마디가 든 보자기를 두 손으로 치켜들고 이마를 조아리며 공나석에게 바친다.

이를 보고 있던 야쿠자 일당 전원이 기립하더니 공나석을 향해 허리를 숙인다.

"야마구치, 너의 충성 맹세를 받아들인다. 이제 우리는 형제다. 배신하는 자에겐 죽음이 뒤따를 것이오, 충성하는 자에겐 영광이 따를 것이다. 자 오늘 축배를 들자"

"감빠이"

무대에는 밴드가 입장해 연주를 하고 기모노 차림의 게이샤들이 뒤따라 들어와 조폭과 야쿠자들에게 술을 따른다.

"새끼들 지랄들 하네"

제국호텔 보안실에서 CCTV를 통해 이를 지켜보던 서울시경 도쿄지청 이감응 경감이었다.

"세력이 너무 커지면 다루기 힘들어질 테니 뭔가 수를 써야 하지 않을까요"

옆에 있던 다나카 요시오 형사가 나지막이 말했다.

"그래, 저것들 까부는 거 그냥 보고 있을 순 없지. 하지만 아직은 아니야. 저놈들 중에 몇 명 쓸만한 놈들을 먼저 내 놈으로 만들어놔야 해. 다나카, 궁리해봐"

"하이!"

이감응은 폭력단을 이용해 뭔가를 꾸밀 요량이었다. 그냥 나랏일에 쓸모 있는 일을 시켜야겠다 하는 생각이었지만 이것이 훗날 황거 습격사건으로 이어질 줄은 누구도 상상조차 하지 못한 일이었다.

8. 천황 출생의 비밀

2032년 2월 14일 황거

"천황 폐하. 일본 총독의 알현이옵니다"

통일 대한민국 북부군의 미사일 공격으로 폐허가 되어버린 황거 자리에 임시로 지은 가설 황거였다. 이상철 일본 총독 겸 일본 정부 부총리가 도착하자 궁내청 장관이 일본 천황에게 아뢰었다.

"우리 대한민국 정부는 일본의 천황제를 존중하기로 했소. 천황이 일본 국민 통합의 상징적 존재인 만큼 천황의 역할이 매우 중요하오. 대한민국이 일본과 보호조약을 맺은 이상 나는 대한민국 대통령의 특명을 받은 일본 총독으로서 천황을 보호할 의무가 있소. 대신 천황께서는 일본 국민들이 동요하지 않도록 협조해줘야 합니다"

이상철 총독은 강한 어조로 말했다.

"......"

천황은 침묵했다.

협조를 약속한다는 건 한국의 보호를 받아들이는 것이고 결국 나라의 상징 스스로가 나라를 팔아넘기는 것과 다를 바 없다는 것이 천황의 생각이었다.

"이것은 선택의 문제가 아니오. 협조하지 않을 경우 나는 천황의 안위를 책임질 수 없소"

거의 협박에 가까운 어조였다.

"돌아가시오! 내가 일본의 천황이기는 하나 아무런 권한도 행사할 수 없는 존재라는 것을 알지 않소?"

천황은 협조하지 않겠다는 뜻을 굽히지 않았다.

총독은 주먹을 불끈 쥐었다.

"정 뜻이 그러하다면 앞으로 닥칠 모든 일은 천황이 책임을 져야 할 것이오"

천황은 알지 못했다. 어떤 후과가 기다리고 있을지.

2032년 2월 18일 도쿄 경시청

이감응 경감이 다나카 요시오 형사를 불렀다.

"이봐 다나카. 그거 어떻게 됐어?"

"아, 네. 거의 다 되어갑니다"

"실수 없이 해야 돼. 국가의 명운이 걸린 일이라고"

"하이. 걱정하지 마십시오"

다나카의 휴대전화가 울린다. 궁내청에 심어놓은 끄나풀이다.

"모시모시! 우치다데스. 부탁하신 거 확보했습니다"

"그래? 수고했네. 가지고 오게"

30분 후

콧수염을 기른 40대 중반의 사내가 도쿄 경시청 보안과 사무실에 들어선다. 다나카가 반가운 표정으로 맞는다. 사내는 검은색 납작 가방에서 서류 봉투를 꺼낸다. 그리고는 봉투에서 낡은 책 한 권을 꺼내 다나카에게 건넨다.

"한 번도 공개된 적 없는 황족 족보입니다. 지난번 미사일 공격 때 지하 서고에 보관돼 있던 것 중 온전하게 남은 건 이것뿐이라고 합니다"

"그래? 뭐 특이한 내용 없던가?"

"말씀하신 대로 황족의 뿌리는 백제더군요. 그리고 쇼와 천황은 다이쇼 천황이 비밀리에 들인 양자라는 믿지 못할 기록이 담겨 있습니다"

"뭐라? 태평양전쟁을 일으켰던 쇼와 천황이 다이쇼 천황의 친자가 아니라고? 그렇다면 지금 천황도 황족의 피가 흐르지 않고 있다는 얘기구먼"

"그렇지요"

천황에게 황족의 피가 흐르지 않는다는 것은 놀라운 사실이었다. 국민 통합의 상징인 천황이 사실은 황족이 아니라는 엄청난 비밀이 알려지면 일본 국민들이 크게 동요할 것이 뻔했다.

이를 보고받은 이감응은 쾌재를 불렀다.

"그래 바로 이거야"

미소를 머금은 이감응이 사오다 가쓰야 마이니치신문 기자에게 전화를 건다.

"사오다상. 특종 한 번 해야지"

9. "천황이 한국인이라니"

2032년 2월 19일 신바시 덴키 빌딩 커피숍에 사오다 가쓰야 마이니치신문 기자가 급히 들어선 건 다음 날 오전 10시 10분이었다. 숨을 헐떡이며 문을 열어젖힌 사오다가 안쪽 구석 테이블에 앉아서 자신을 응시하던 이감응을 쳐다보고는 씩 웃으며 손을 벌떡 든다.

"아 경감님, 죄송하게 됐습니다. 부장하고 한판 하느라고 늦었습니다. 하도 뭐 특종 없냐고 쫘대서 말이죠. 여간 피곤한 게 아녜요. 우리 부장. 아니 근데, 웬일이에요? 아침부터 보자고 하고"

이감응이 주위를 한 번 살피고는 사오다에게 얼굴을 들이댄다.

"아주 큰 기사가 있어서 말이야"

귀가 솔깃해진 사오다가 이감응에게 얼굴을 가까이 댄다.

"무슨 기사인데요?""...."

이감응이 사오다에게 귓속말로 속삭이자 사오다의 두 눈이 커진다.

"에헤~ 무슨 말도 안 되는 소리를"

믿지 못하겠다는 사오다의 표정에 이 감응은 자신의 태블릿 PC에서 사진을 보여준다. 황족 족보였다.

"이래도 못 믿겠어? 여기 황족 족보에 적힌 대로라고. 쇼와 천황이 다이쇼 천황의 양자라는 사실. 세상에 공개되지 않은 극비 중의 극비야. 더 놀라운 건 말이야. 쇼와 천황의 모친이 임진왜란 당시 조선에서 끌려온 도공의 후손이란 사실까지 적혀 있어. 이건 엄청나게 충격적인 사실 아니야? 일본 국민들이 이 사실을 알면 어떤 반응을 보일까? 이 어마어마한 특종을 사오다 기자가 하게 되는 거라고"

사오다의 얼굴이 검붉은 빛으로 바뀌었다. 믿기지 않는 사실이었지만 태블릿 갤러리에 담긴 황족 족보에는 그런 충격적인 사실이 적혀 있었다. 족보 표지에는 일본국 극비문서라고 적혀있었고 역대 총리의 서명이 나열되어 있었다.

"총리들은 이 사실을 알고 있었다는 얘기군"

사오다의 머릿속이 복잡해졌다. 이것이 사실이라면 일본 열도 전체가 들썩일만한 충격파로 작용할 것이 분명했다.

"쇼와 천황에게 조선 도공의 피가 흐르고 있었다니, 그럼에도 그는 조선을 침략해 식민지로 삼고 조선인들을 착취하고 수탈하고 억압했단 말인가? 그런 이를 할아버지로 둔 지금의 천황은 또 뭐란 말인가? 일본 국민 통합의 상징인 천황이 한국계라고?"

일본 국민 전체에 커다란 충격을 줄 일이었다. 사오다의 동공이 흔들렸다.

"왜? 특종 하기 싫은 건가?"

이감응이 이상하다는 듯 물었다.

"아니, 그런 게 아니라"

"그럼?"

"내 생전 이런 특종은 처음이라. 그런데 이 정보를 한국 기자한테 주지 않고 일본 기자인 나에게 주는 이유는 뭔가요?"

이감응이 웃는 얼굴로 답했다.

"이것 보시게. 우리가 보통 사이인가? 지난번 신세 진 일도 있고 해서 특별히 내, 사오다 기자에게 주는 거지"

한국 언론에 기사가 나는 것보다 일본 언론에 기사가 나야 일본 국민들이 더 신뢰할 터였다. 그래야 충격파도 더 클 터였다. 이감응은 속내를 털어놓지 않은 채 자신의 마약밀수단 체포작전 성공을 기사로 써준 데 대한 사례인 척한 것이었다.

이튿날 '나루히토 천황은 한국계' '선대 쇼와 천황은 다이쇼 천황의 양자' '쇼와 천황의 모친은 조선 도공의 후손' '일본 국민 통합의 상징인 천황, 사실은 한국인이었다' 라는 제목의 기사가 마이니치신문에 대서특필됐다. 황족 족보 사진까지 실렸다. 예상했던 대로 일본 열도가 발칵 뒤집혔다. 신문을 펼쳐 든 이지국 총독 얼굴에 미소가 퍼진다. 스마트폰 넘어 상대에게 외친다.

"수고 많았네. 이제 내가 나설 차례 군. 이제 한일 합방조약 체결은 시간문 제야 하하"

10. 황거 습격 작전

2032년 3월 1일

서울 광화문 광장에 만세 소리가 울려 퍼졌다. 3.1절 기념행사였다. 한복 차림의 유성국 대통령이 광화문을 등에 지고 2미터 높이의 연단에 올랐다.

"존경하는 국민 여러분, 113년 전 오늘 우리 선조는 일제의 억압에 맞서 독립을 외쳤습니다. 수많은 분들이 일본 헌병의 군홧발에 짓밟히고 총칼에 목숨을 잃으면서도 두 팔 번쩍 들고 만세를 외쳤습니다. 오늘날 국제 정세는 바뀌었습니다. 대한제국을 집어삼키고 아시아 국가들을 차례로 유린하며 태평양 전쟁을 일으켰던 일본이 그런 과거 범죄에 대한 반성은커녕 역사를 왜곡하더니 평화헌법까지 개정하고는 또다시 전쟁을 일으켰습니다. 그러나 우리는 당하지 않았습니다. 우리는 일본의 침략을 막아냈고 더 이상 이마무라 정권이 일본 국민들을 전범으로 만들지 못하도록 했습니다. 일본 국민은 이제 한국 국민과 마찬가지로 대한민국의 보호를 받게 되었습니다.

최근 일본의 천황이 한국인이라는 사실이 밝혀졌습니다. 양 국민은 피를 나눈 형제와 다름없습니다.

친애하는 한국 일본 국민 여러분, 우리는 이제 역사를 뛰어넘어 세계 최강의 단일 국가가 되어야 합니다. 그래서 위협받는 세계 질서 유지를 위해 이바지해야 할 것입니다. 이를 위해 정부는 한국과 일본 간에 체결된 보호 조약의 후속 조치를 취하고자 합니다. 아예 한 나라로 통합하는 한일 합방 조약을 체결할 것입니다. 그리하여 위대한 대한민국의 새 시대를 열어나갈 것입니다"

광화문 광장에서 시청 앞 광장에 이르기까지 가득 메운 인파 사이에서 뜨거운 함성이 터져 나왔다.

"대한민국 만세! 한일합방 만세!"

같은 날 오후 도쿄 황거

천황 앞에 선 이지국 총독이 뒷짐을 진 채 말했다.

"오늘 오전 유성국 대통령의 삼일절 기념사 내용 들으셨겠지요? 이마무라 총리도 한일합방조약 체결에 협조하기로 했으니 천황께서도 이제 적극 협조해 줄 것으로 믿습니다"

입을 굳게 다문 채 고개를 왼쪽으로 틀어 창밖 정원을 응시하던 천황이 일어선다.

"사쿠라가 피려면 며칠 더 있어야 하나보오"

천황이 딴전을 피우자 이지국 총독이 콧수염을 가다듬으며 숨을 깊이 들이내쉰다.

"벚꽃놀이할 시간은 주겠소. 그때까지 결심하지 않으면 나도 어쩔 수 없소"

2032년 3월 7일 총리관저

이마무라 총리가 굳은 표정으로 펜을 든다. 잠시 흔들림 없이 생각에 잠기는 듯하더니 문서에 서명한다. 한일합방조약이다.

"천황께서는 옥새를 내어주지 않으려 하실 겁니다"

조약이 발효되기 위해서는 천황의 옥새가 필요했다.

이지국 총독이 발끈했다.

"그러니까 총리가 설득을 해보란 말이오. 자신이 한국계라는 사실이 밝혀진 마당에 무슨 영화를 계속 누리겠다고 조약에 반대를 한단 말이오? 일본 국민들도 바라는 일이지 않소? 괜한 고집 피우지 말고 어서 옥새를 찍으라 하시오"

"...."

"총리가 나서지 않겠다면 내 다른 수를 쓸 수밖에 없소이다"

이지국이 으름장을 놓았지만 이마무라는 답이 없었다. 옥새를 내어줄 천황이 아니었기 때문이다.

2032년 3월 10일 아카사카 클럽

나석이파 넘버 2 한영욱과 야마구치구미 넘버 2 이토 타로 일행이 테이블에 앉아 위스키잔을 비우고 있었다. 일본을 장악한 나석이파는 야마구치파를 비롯한 야쿠자 조직과 형제 선언식을 한 이후 돈독한 관계를 유지해왔다. 야마구치구미가 일본 전역에서 사채업과 부동산임대업, 도박업을 통해 들어오는 수익의 30%는 나석이파에게 상납됐다. 그만큼 수익이 줄어들게 된 야마구치구미의 하부조직원들 사이에선 불만이 생기기 시작했다. 그뿐만 아니라 줄어든 수익을 보전하기 위해 임대료를 올리고 사채 이자를 올리는 바람에 야쿠자와 거래하는 이들도 불평을 늘어놓기 시작했다.

"이토! 얼마 전 너, 부하 몇 명 혼을 내줬다는데, 사실이냐?"

한영욱이 핏대를 올리자 이토가 고개를 떨구며 말했다.

"네, 형님, 애들이 요즘 지갑이 좀 얇아지다 보니까 동네 양아치 같은 짓을 하기에 손 좀 봐준 건데, 그게 형님 귀에까지 들어간 모양이군요"

"그래? 내 용돈 두둑하게 준비할 테니까 쓸만한 녀석들 몇 놈 모아봐. 조만간 할 일이 있으니까"

"네? 무슨 일입니까?"

"그건 알 거 없고, 칼 잘 쓰는 놈들 말이야. 닛뽄도!"

"네. 알겠습니다. 형님!"

한영욱은 자세한 일은 이야기하지 않았다. 황거 습격 작전은 극비리에 진행할 일이기 때문이었다. 한영욱은 나석이 파에서도 누구보다 충성심 강하고 애국심 강하기로 소문이 나 있었다. 이감웅 경감의 지시를 받고 이미 자기 부하 12명을 습격 작전팀에 배정해놓고 있었다. 황거에 안내할 야쿠자 몇 명이 필요했던 것이다.

11. 황후 암살 사건

2032년 3월 30일

황거 정원은 벚꽃으로 물들었다. 저녁 노을빛과 봄바람을 받으며 찬란하게 빛나는 벚꽃들의 향연이 펼쳐졌다. 천황이 황후와 함께 정원을 거닐며 향기에 취했다.

"천황 폐하, 총독부에서 또 연락이 왔습니다. 벚꽃이 지기 전에 옥새를 찍어달랍니다. 어제 낮에 배달된 끔찍한 소포도 이와 관련 있지 않나 싶습니다"

그랬다. 황거에 배달된 소포에 비둘기 사채가 담겨 있었다. 속히 옥새를 찍으라는 협박 메시지로 볼 수밖에 없었다.

"아무래도 심상치 않습니다. 폐하"

궁내청 장관이 몹시 염려스러운 얼굴로 말했다.

"음... 벚꽃이 질 날도 며칠 남지 않았구려"

하나둘씩 떨어지는 벚꽃을 바라보며 천황이 황후에게 말했다. 해가 진 어둠 사이로 까마귀 떼가 날아든다. 하얀 벚나무마다 까마귀가 내려앉았다.

2032년 4월 10일

이틀 전 세차게 내린 봄비로 꽃비가 내렸다. 그 탓에 벚나무는 앙상한 가지만 남겼다. 세월의 무상함을 말해주듯 벚꽃의 향연은 일주일 만에 막을 내렸다.

새벽 2시

시커먼 닌자 복장의 사내 스무 명이 황거 해자를 건넌다. 그 중 하나가 성벽에 삼지창이 달린 밧줄을 던진다. 단단히 걸린 걸 확인하고는 쏜살같이 올라간다. 걸어 잠겨 있던 성문이 열리고 대기하던 닌자들이 발소리도 없이 침투한다.

"이토! 쥐새끼도 모르게 처리해야 돼. 알겠지?"

"네, 형님"

야마구치구미 넘버 2 이토가 이끄는 닌자들이 천황의 침소를 향해 움직인다. 모두 닛뽄도를 들었다.

"웬 놈이냐?" 소스라치게 놀란 경비원이 소리를 지르자 닌자의 칼이 바람을 가른다. 왼팔이 잘린 경비원이 오른손으로 가스총을 꺼내려는 순간 닌자의 칼이 다시 한 번 바람을 가른다. 경비원의 나머지 팔도 잘려나가고 피가 콸콸 복도를 적신다.어두컴컴한 방. 잠옷 차림의 여인이 잠을 깬다.

"누구시오?"

침대에서 돌아누우며 외친다.

"천황은 어디 있소?"

천황을 암살하러 온 자객인 것을 눈치챈 황후가 무릎을 꿇었다.

"천황 폐하는 지금 황거에 계시지 않소"

"무슨 소리를 하는 게요? 다 알고 왔는데 수작 부리지 마시오"

"폐하께서는 어제저녁 늦게 출타하셨소"

"뭐라, 애들아 샅샅이 뒤져봐라"

 이토의 명령에 야쿠자 자객들이 흩어진다.

"아니끼(형님), 천황의 모습이 보이지 않습니다"

"당신들은 일본 국민인 것 같은데, 어찌 천황 폐하를 해치려 하는 것이오?"

"우루세 (시끄러워). 아노온나오 코로세! (저 여자를 죽여라!)"

79

이토의 신경질적인 명령에 닌자 2명의 칼이 황후의 목과 가슴을 친다. 황후의 목이 반쯤 잘린 채 덜렁거렸다. 베어진 목과 찔린 가슴에서 피가 솟구친다. 침대가 피로 물든다. 일본 황후는 그렇게 최후를 맞이했다.

명성황후 시해 137년 만의 일이었다.

12. 실패한 미관파천

일본 황후가 비극적인 최후를 맞던 그 순간 천황은 암살 작전을 예감이라도 한 듯 급히 황거를 빠져나가 몸을 피하고 있었다. 황후가 자신 대신 칼을 맞아 죽게 될 것이라는 것은 상상도 못한 채 비서관과 함께 전용차 편으로 오다이바(도쿄시내 지명, 후지TV 본사가 있는 곳)로 연결되는 레인보우브릿지를 건너는 도중이었다.

"폐하, 큰일 났습니다"

조수석에 앉아 있던 비서관이 전화를 받더니 뒷좌석에 앉아 차창 밖을 물끄러미 바라보던 천황에게 보고했다.

"무슨 일이오?"

"... 놀라지 마십시오. 조금 전 황후 폐하께서 서거하셨다고 합니다. 괴한에게 시해됐다는 보고입니다"

"뭣이오?" 충격에 빠진 천황은 목덜미를 부여잡았다.

"폐하, 괴한들이 천황 폐하를 노렸다가 황후 폐하께서 당하신 듯하다 합니다. 지금 곧바로 미국 대사관으로 모시라는 궁내청 장관의 지시입니다. 곧바로 모시겠습니다"

천황의 전용차는 다시 레인보우브릿지를 건너 수도고속도로로 향했다. 토라노몬(도쿄시내 지명) 인근에 있는 미국 대사관에 도착한 건 새벽 4시 반. 제이든 해리스 주일 미국 대사가 천황을 맞았다.

"황후 서거 소식에 얼마나 충격이 크시겠습니까? 저도 놀랐습니다. 미국 정부는 이번 사안을 매우 중시하고 있습니다. 국제조사단을 구성해 반드시 진상을 규명하고 책임 있는 자에게 책임을 묻도록 하겠습니다. 천황께서는 안전을 위해 당분간 이곳에 머물기 바랍니다"

"고맙소, 대사"

어느새 동이 트고 도쿄 경시청은 발칵 뒤집혔다. 황후 시해 사건은 일본 열도를 충격으로 몰아넣었다. 아사히신문과 요미우리신문 등 모든 신문이 일제히 호외를 발행했고 TV마다 정규 프로그램을 중단하고 숙연한 분위기 속에 황후 서거 소식을 알리는 특보가 진행됐다. 황거 내 황후 침소에서는 경찰의 조사가 시작됐다.

그날 낮 12시 아카사카의 한 음식점 특실에 나석이파 넘버 2 한영욱과 야마구치구미 넘버 2 이토 타로가 마주 앉았다.

"형님, 면목 없습니다. 하필 그 시간에 천황이 없어서"

"그러게 말이야. 그럴 줄 누가 알았나? 어차피 벌어진 일, 일단 수습부터 해야지. 우리 소행으로 알려지면 너나 나나 인생 끝이야. 그리고 우리 나석이파나 야마구치구미나 우리 형제 조직원들 모두 매장될 테니. 손을 써야 돼"

"네? 어떻게 말입니까"

"희생양을 만드는 수밖에. 네 부하 두 놈만 몇 년 빵에 보내야겠다. 그놈들 천황제에 반대해서 협박만 하려 들어갔다가 우발적으로 죽이게 됐다고 자백하게 해"

"... 3년 내에 빼주셔야 합니다"

"걱정 마. 그건 내가 알아서 할 테니까"

그날 저녁 롯뽄기의 한 음식점

"평소 천황제 폐지를 주장하던 일본인 2명이 술에 취한 채 황거 담을 넘었고 이를 제지하던 경비원과 시비가 붙어 경비원을 죽이고는 천황 침소까지 침입, 잠자던 황후에게 일본은 더 이상 천황제를 유지해선 안된다고 주장하다가 황후가 자신들을 무시하며 내쫓으려 하자 격분해 우발적으로 살해했다. 이렇게 자백시키기로 한 거 맞지?"

이감응이 한영욱을 노려보며 말했다.

"네. 3년 내에 빼주겠다고 약속하고 그렇게 자백시키기로 했으니 걱정 마십시오"

일주일 후 경시청은 황후 시해범은 천황제 폐지를 주장하는 일본인 2명이었고 우발적 살해 사건인 것으로 조사됐다고 발표했다.

미국 대사관에 몸을 숨긴 천황은 분노를 삭이지 못했다. 황후를 시해한 것은 한일합방조약에 옥새를 찍지 않은 데 대한 보복임이 분명했지만 진실은 숨겨져 있었다.

"일본이 어쩌다 이렇게 되었는가? 100년 전 한국을 식민지배했던 일본이 이제 거꾸로 한국에게 식민지배를 당하는 꼴이 되다니..."

미국 대사관으로 피신했지만 천황은 자신의 목숨이 언제 달아날지 몰라 항상 불안해했다. 총독이 무슨 구실로 자신을 대사관에서 쫓아낼지 알 수 없었기 때문이었다. 미국이 언제까지 자신을 보호해줄지도 알 수 없는 노릇이었다.

그렇게 석 달이 흘렀다.

황후 시해 사건에 대한 일본 국민들의 슬픔과 분노는 조금씩 사그라들고 있었다. 이지국 총독이 제이든 해리스 대사를 관저로 불렀다.

"우리 대한민국은 전쟁을 일으킨 일본에 대해 배상을 받는 대신 일본 군부와 천황의 압정으로부터 일본 국민들을 보호하기 위해 한일보호협정을 체결했는데, 이제 하나의 통치체제 아래에 두는 방향으로 가기로 했소. 많은 일본 국민들도 대한민국으로의 합병을 원하고 있으니 그리해야 하지 않겠소? 헌데 천황이 기득권을 내려놓지 않으려고 하니 걸림돌이오. 귀국에서 천황을 붙들어놓고 내주지 않으면 한미동맹에도 큰 균열이 생길 수밖에 없다는 게 우리 대통령님의 걱정이오. 석 달간 보호했으면 체면은 차린 것이니 이제 넘기시오"

한때 세계 최강의 패권국가로 군림했던 미국이었지만 이제 중국과 독일, 러시아에 밀려 점차 쇠퇴하는 국가로 전락하는 미국이었다. 연방대한민국의 경제력과 군사력은 이미 세계 6위로 미국과 어깨를 나란히 하는 정도가 됐으니 미국이 한국 눈치를 볼 만도 했다.

"명분이 필요합니다. 명색이 한 나라의 천황이 아닙니까? 본인이 안전을 위해 우리 대사관을 찾아왔는데 어떤 명분으로 우리가 신병을 인도할 수 있겠습니까?"

해리스 미국 대사는 명분을 만들어줄 것을 요구했다.

"지난번 한국에 대한 군사공격을 천황이 승인했다는 사실이 우리 조사에서 밝혀졌소. 전쟁에 대한 책임이 있는 천황을 조사하고 응당의 책임을 묻기 위해 우리에게 신병을 넘기라는 것이오. 그보다 더 충분한 명분이 어디 있겠소?"

천황이 전쟁 개시 명령을 내렸다는 건 날조였다. 해리스 대사는 거짓임을 알면서도 그 정도면 내어줄 명분으로 충분하다고 생각했다. 한미 관계가 더 이상 악화되는 것이 미국의 이익에 부합하지 않은 것은 분명했다. 그는 본국에 보고하고 공식 훈령을 받아 천황의 신병을 인도하겠다고 답한다.

2032년 7월 20일

천황은 황거로 환궁했다. 미관파천 백일 만이었다. 이지국 총독이 그에게 한일합방 조약서를 내민다.

"어서 옥새를 찍으시오"

"내게 일주일의 말미를 주시오"

"석 달도 기다렸는데 일주일을 못 드릴 수는 없지. 딱 일주일이오"

천황은 근심 어린 표정으로 한일합방 조약서에 시선을 떨군다. 일주일 후 자신을 노린 자객이 올 것이란 불안감에 몸을 떨면서.

13. 천황 암살작전

뜨거운 태양이 이노카시라 공원 호수를 내리쬐고 있었다. 청명한 호수에는 가지와 이파리를 늘어뜨린 초록빛 벚나무가 비쳐 있었다. 그 위를 청둥오리 몇 쌍과 함께 보트 몇 척이 떠다닌다. 벤치에 앉아 물끄러미 그 풍경을 바라보는 이가 있다. 이지국 총독이었다. 주변에는 경호원들이 흩어져 경계를 펼친다.십여 분쯤 지났을까. 다부진 체격의 청년이 뚜벅뚜벅 다가온다. 검은색 진바지에 연청색 셔츠, 긴팔 소매를 팔꿈치까지 걷어올린 차림이었다. 챙이 좁게 휘어진 야구모자를 눌러쓴 청년이 이지국 총독 앞에 선다.

"사쿠라 히데구치라고 합니다"

"자네로구먼. 반갑네. 얘기 많이 들었네. 천황 퇴위를 주장한다고?"

"네"

"일본인이 왜 천황을 반대하는 거지?"

"천황제 자체가 구시대의 산물입니다. 일본은 과거 천황을 중심으로 한 군국주의로 전쟁을 일으키는 과오를 저질렀습니다. 반인륜적 전쟁범죄를 수없이 저질러 주변국에 큰 피해를 줬습니다. 명분도 없고 무모한 태평양전쟁을 일으켰습니다. 전쟁에 패하고도 천황은 아무런 책임을 지지 않았습니다. 그리고 버젓이 천황이 국민의 존경을 받도록 모든 언론과 정치권이 분위기를 조성했지요. 과거 불행했던 역사를 되풀이하지 않기 위해서는 천황제를 청산했어야 합니다. 그런데 미국의 묵인 아래 정치권이 기득권을 지키기 위해 천황제를 유지했던 겁니다. 그것이 일본이 다시 패권을 향한 야욕을 갖게 된 근본 이유라고 저는 생각합니다. 얼마 전 독도 상공에서 있었던 한일 전투기 간 교전과 일본이 한국에 대한 전쟁에 나선 것과 관련해서도 천황은 책임을 면할 수 없습니다. 일본은 세계 평화에 역행하는 일을 해왔습니다. 천황제는 폐지되어야 하고 천황은 폐위돼야 마땅합니다. 그게 제 신념입니다"

"자네 신념을 지지하는 사람들이 또 있는가?"

"공개적으로 얘기하는 이들은 드물지만 저와 생각을 같이 하는 사람들이 적지 않습니다. 일본 전역에 지역별로 '천폐모'가 흩어져 있고 리더들끼리

정기 모임도 갖고 있습니다"

"천폐모?"

"천황제 폐지를 촉구하는 모임입니다"

"그렇군. 그럼 자네 뜻을 관철할 기회를 주겠네"

"그게 무슨 말씀이신지?"

"일본이 죗값을 치르고 새롭게 태어날 수 있도록 해야 한다는 천황제 주장을 양지로 끌어올려달란 말일세. 내 적극 도와줄 테니"

한일합방 조약서에 옥새 찍기를 거부하며 버티는 천황을 움직이게 하기 위해서는 천황제 폐지 운동이 꽤 쓸만한 카드라고 이지국 총독은 생각했다. 옥새를 내주지 않으면 천황제 폐지 운동으로 결국 자리에서 몰아내겠다는 계산이었던 것이다.

7월 28일

일주일의 말미가 흘렀지만 천황은 옥새를 내주지 않았다. 천황은 목숨이 위태로울 수 있다는 걸 알면서도 한일합방 체결에 자신이 도장을 찍어줄 수는 없다고 생각했다. 역사의 평가가 두려웠던 것이다.나석이 파에서는 천황 암살작전이 계획되고 있었다. 이번에도 지휘는 넘버 2 한영욱이 맡았다. 물론 배후에는 이감응이 있었다. 이감응이 누구의 지시를 받는지는 명확하지 않았다. 이감응에게 작전을 지시하는 이는 베일에 싸여 있었다.

"이봐 이번엔 실수 없어야 돼"

"걱정 마십시오. 두 번 실수는 없습니다"

작전은 이랬다. 한영욱이 이끄는 나석이파 똘마니들과 야마구치구미 이토가 이끄는 똘마니들로 구성된 작전팀이 영국 국왕 탄신일 기념식에 맞춰 천황이 주일 영국대사관저로 이동할 때를 노린다는 것이었다. 천황제 폐지주의자들이 천황이 탄 차를 앞뒤로 가로막고 시위를 벌이는 틈을 타 똘마니들이 천황을 해치운다는 작전이었다.디데이가 되자 작전이 개시되었다. 황거를 출발한 천황의 승용차가 오오테마치(도쿄시내 최대중심가)로 들어서는 순간 3백여 명의 시위대가 도로를 점거했다. 사쿠라 히데구치가 목소리를 높였다.

"반인륜 범죄자의 후손 천황은 즉각 물러나라! 민주주의에 역행하는 천황제 폐지하라!"

도로는 순식간에 천폐모 회원들로 가득 찼다. 오키나와부터 홋카이도까지 전국 각지에서 모여든 회원들이었다. 천황을 태운 승용차는 시위대에 둘러싸여 오도 가도 못하는 상황이었다. 그때 똘마니 한 명이 시위대 틈을 비집고 들어섰다. 안주머니에 넣어두었던 수류탄을 꺼내 천황의 승용차 아래로 굴려 넣고는 유유히 돌아서 빠져나온다.

"꽝!"

굉음이 오오테마치 빌딩 숲에 울려 퍼진다. 천황의 승용차가 1미터가량 공중으로 솟구치더니 거꾸로 내려앉는다. 놀란 시위대는 혼비백산, 자빠지고 구르며 흩어진다. 천황이 뒷문을 가까스로 열고 나오려 애를 쓴다. 또 다른 똘마니 차례다. 잭나이프를 든 똘마니다. 천황이 찌그러진 승용차 문 사이로 고개를 내미는 순간 똘마니의 잭나이프가 천황의 목을 겨눈다.

바로 그때 똘마니의 앞을 청년이 가로막는다. 사쿠라 히데구치다. 똘마니의 잭나이프가 천황의 목 대신 사쿠라의 어깨에 꽂힌다. 사쿠라 히데구치는 고꾸라지듯 쓰러지며 고개만 간신히 내밀고 있던 천황을 다시 승용차 안으로 집어넣는다.

"천황이 위험하다!"

이 광경을 지켜본 천폐모 동경대 지부 리더 나가노 유키오가 외쳤다. 훗날 일본 독립운동을 이끌게 될 청년이었다. 나가노는 주변에 있던 천폐모 회원들을 천황 승용차 주변으로 끌어모았다. 천황제 폐지와 천황의 퇴위를 외치던 천폐모 회원들이 사쿠라와 천황의 승용차를 둘러싸기 시작한다. 천황이 테러 위험에 노출됐다는 걸 인식하자 보호에 나선 것이었다. 천황제를 없애자는 것이지 천황을 죽이자는 것은 아니었기 때문이었다. 당황한 똘마니는 뒤로 물러서고 안개처럼 사라진다.

두 번째 천황 암살작전도 실패로 끝났다. 한영욱은 몹시 화가 난 표정으로 테이블 위에 있던 재떨이를 집어올렸다. 두꺼운 유리로 된 손바닥 두 개 크기의 재떨이였다. 갑자기 일어서더니 이토 옆에 서 있던 이토의 부하 머리통을 재떨이로 갈겼다.

"억"

부하가 쓰러졌다. 바닥에는 피가 흥건해진다.

"내가 실수 없이 하라고 했지? 한 번은 몰라도 두 번 실수는 용납하지 않는다. 이토! 정신 똑바로 차리란 말이야!"

이토가 벌떡 일어선다.

"하이!"

신뢰를 잃은 이토는 만회가 필요했다. 어떻게 해서든 조직 안에서 자신의 입지를 튼튼히 하기 위해선 천황 암살 작전을 성공시켜야 했다. 두 번의 실패. 또다시 실패하면 인생은 끝이었다. 야마구치 히데오의 뒤를 이어 야쿠자 오야붕(보스)이 될 것이냐, 뒷골목 친삐라(양아치)로 전락하느냐의 갈림길이었다.

"어떻게 이 자리까지 올라왔는데, 내가 다시 나락의 길로 떨어질 수는 없지"

천황 암살 기도 사건을 보고받은 이지국 총독이 불같이 화를 낸다.

"천황 암살 기도 사건이라고? 도대체 누가 천황을 암살하려 한단 말이오? 천황이 만일 한국인의 손에 암살당한다면 일본인들의 민심이 돌아서고 한국에 대한 적대심이 커질 것이 뻔하잖소. 그러면 통치가 어려워질 것이 뻔한데 도대체 누가 그런 바보 같은 짓을 한단 말이오?"

"한국과 일본의 조직폭력배들이 경찰의 사주를 받고 벌인 일로 파악됐습니다"

"뭣이오? 경찰의 사주? 그렇다면 경찰은 누구의 지시로 그따위 짓을?"

"그게..."

"어서 말을 하시오?"

이지국 총독이 다그치자 관방장관 출신의 총독부 고문 코지마가 주저하다 답한다.

"이마무라 총리가 배후 조종자입니다"

"뭣이라고?"

한국과의 전쟁을 결정했던 일본의 총리가 천황 암살을 배후 조종했다고? 이지국 총독의 머릿속이 복잡해졌다. 도대체 왜?이마무라는 한일 전쟁에서 패한 후 천황에게 모든 책임을 뒤집어씌웠다. 독도 상공에서의 교전이나 그 후 총공격에 나선 것도 천황의 결정이었다고 해왔다. 진실을 덮기 위해 천황의 죽음이 필요했던 것이다. 자신의 재기를 위해서는 누군가 희생양이 필요했던 터였다. 자신이 살아남기 위해 천황마저 배신하고 그를 죽음으로 몰아가게 했던 이마무라 총리. 이지국은 한심하다는 얼굴이었다. 이지국 총독은 한일합동 공안조사부의 이 같은 조사 결과를 즉시 천황에게 전달하도록 했다. 배신감을 느낀 천황이 한일합방조약서에 옥새를 찍을 것을 기대하면서.

14. 천황 무릎 꿇다

천황은 잠을 이루지 못했다. 이마무라 총리의 배신을 참을 수 없었다. 동시에 언제 자객이 자신을 노릴지 모른다는 생각에 불안함을 씻을 수 없었다. 밤에 헛것이 보이기도 했다. 환청에 시달리기도 했다. 한 달새 체중이 10kg이나 빠졌다. 안 그래도 마른 체격이었는데 살이 빠지다 보니 피골이 상접할 정도였다. 눈은 퀭해지고 주름도 자글자글 늘었다. 침대에 눕는 날이 늘었다.이토 타로가 천황을 없애려 호시탐탐 기회를 노렸지만 소용없는 노릇이었다. 천황은 외출하지 않았고 황거는 이중 삼중으로 철통같은 경계와 천황 침소 근접 경호가 이뤄졌다. 이지국 총독의 엄명에 따른 것이었다. 이지국 총독은 이마무라 다케오 총리를 이용하기로 했다.

"이마무라 총리, 천황의 건강이 날로 쇠약해지는 것 같소이다. 언제까지 버틸지 모를 일이니 당신이 나서서 옥새를 찍도록 해야 하지 않겠소?"

"네, 총독 각하. 천황 주치의 말로는 천황이 심한 우울증과 대인기피증, 공황장애를 앓고 있다고 합니다. 약물치료를 해야 하는데 본인이 거부하고 있어 상태가 점점 악화되고 있다는군요. 제가 어떻게든 해보겠습니다. 맡겨주십시오. 대신 부탁이 있습니다"

"부탁이라? 말해보시오"

"한일보호조약을 합방조약으로 바꾸면 명실공히 일본은 한국과 동일한 통치 체제하에 들어가게 되는 것이니 많은 일본 국민들이 기뻐할 것입니다. 일본인이 차별 없이 대우받고 사는 좋은 시대가 열리는 것이니 말입니다. 새로운 시대에 제게 대한민국의 영광을 위해 목숨 바쳐 일할 기회를 주시기를 간절히 청하옵니다"

"음... 일국의 총리까지 지낸 사람이 쯧쯧... 그래도 대한민국의 새로운 시대를 위해 목숨을 바치겠다고 하니 내 어찌 그대를 버릴 수 있겠소? 적당한 자리를 내줄 테니 천황이나 잘 설득해보시오"

"여부가 있겠습니까? 총독 각하!"

이마무라는 서둘러 황거로 향했다.

"그놈의 늙은이, 이제 좀 포기할 때도 되었구면"

혼잣말로 중얼거린 이마무라가 황거에 도착, 천황의 침소에 들어선다.

"폐하, 이마무라입니다. 기력을 잃으셨다 해서 심히 걱정이옵니다"

"총리, 내 걱정 해주는 것은 고맙소만 당신은 짐과 조국을 배신했소. 어찌 일본을 한국에 내어줄 수 있단 말이오? 그리고 모든 책임을 나한테 다 뒤집어씌운 것도 모자라 어째 나를 암살하려는 모략까지 세울 수가 있단 말이오?"

"폐하, 그것은 오해이옵니다. 폐하를 암살하려 하다니요? 모두 저들이 꾸며낸 일이옵니다. 그리고 한일합방조약에 제가 서명한 것은 일본을 살리기 위해서 고심 끝에 내린 결단이옵니다. 한국이 무력으로 일본을 점령해 일본은 더 이상 저항할 수 없는 상황입니다. 게릴라식으로 저항한다고 해도 저들의 군홧발에 짓밟힐 수밖에 없는 상황에서 국민의 생명과 안전을 지키는 것이 총리로서의 책무가 아니겠습니까? 시간을 벌어보자는 것입니다. 미국과 극비리에 협의를 하고 있으니 대책이 강구될 것입니다. 그때까지 한국에 협조하는 척하면서 시간을 버는 것밖에 지금으로선 도리가 없습니다. 그러니 폐하, 이제 옥새를 찍으시는 게 현명할 것으로 아뢰옵니다"

"총리, 총리는 뻔히 보이는 거짓말을 입에 침도 바르지 않고 그리 한단 말이오"

이마무라의 낯빛이 어두워진다. 게슴츠레한 두 눈동자가 천황을 노려본다.

"일본의 미래는 더 이상 없단 말이오. 끝까지 고집을 부리다가는 내 목숨까지 위태로워질 판이오 천황!"

이마무라가 자기도 모르게 버럭 소리를 질렀다. 드디어 속내를 드러낸 것이었다.

"어서 찍으란 말이오! 당신의 몸에는 한국 피가 흐르고 있지 않소? 그러니 한국의 지배에 협조하면 천황의 자리를 계속 누릴 터이니 제발 찍어주시오. 내가 이렇게 빌겠소"

천황은 이마무라가 가엾게 생각되었다. 다 부질없는 일이라고 생각했다. 천황 자리에 연연하는 것처럼 비칠까 수치심도 들었다.

"못 찍겠다면 황족 일가를 다 살해하겠소. 천황 당신만 살려두고 황태자를 비롯해 천황의 직계가족, 방계가족까지 모두 황족이란 황족은 씨를 말릴 것이오. 내가 못할 것 같소?"

이마무라가 문을 쾅 닫고 나간다. 이틀 뒤 천황의 막내딸 부부가 토메이 고속도로에서 교통사고로 사망했다는 소식이 긴급 뉴스로 푸시된다.

"이래도 버티겠소? 다음은 황태자요"

이마무라가 보낸 라인 메시지였다. 천황은 충격에 빠졌다. 더 이상 버틸 수가 없었다. 금고 안에서 옥새를 꺼내들고는 한일합방조약서에 끝내 찍는다. 2032년 8월 29일 이로써 일본은 한국에 합방되고 정식 식민지가 되는 순간이었다.

15. 일본열도를 덮친 대지진의 재앙

한국이 일본을 지배하기 시작한 지도 어언 10년이 흐른 2042년 7월 5일

오후 2시 46분. 시즈오카시 미야마에 중학교 2학년 3반 교실.

쿵 하는 소리와 함께 건물이 휘청인다. 좌우로 정신없이 흔들리더니 갑자기 위아래로 요동친다. 책상이 춤을 추고 앉아있던 학생들의 엉덩이가 요란하게 들썩인다. 교실 천장에 매달린 형광등과 선풍기 날개가 추락하고 벽에 걸려 있던 거울과 액자란 액자는 모두 떨어지며 산산조각 난다. 교실 벽 여기저기가 쩍쩍 갈라지고 흙먼지가 교실을 뒤덮는다. 교탁과 책상 위에 있던 책이며 컴퓨터 모니터며 모조리 떨어진다. 수업 중이던 교사와 학생들은 겁에 질린 표정이다. 건물이 좌우, 위아래로 진동하며 콘크리트 속 철골이 휘어지고 부딪히는지 기분 나쁜 소리가 귓전을 때린다.

"끼~익. 끼끼익"

1분 가까이 흘렀을까. 진동은 멈췄지만 비명은 멈추지 않는다. 창밖을 보고는 소스라치게 놀란 한 학생이 외친다.

"쓰나미다"

2km 미터 떨어진 바다에서 거대한 쓰나미가 집어삼킬 듯 육지를 향해 밀려든다. 쓰나미의 속도로 볼 때 1~2분이면 학교를 덮칠 기세였다. 공포감에 사로잡힌 교사가 외친다.

"다들 대피해! 옥상으로!"

학생들과 교사들이 옥상을 향해 필사적으로 뛴다. 아비규환이다. 넘어지고 밟히고 정신없이 뛴다. 4층 위 옥상으로 올라가는 계단은 발 디딜 틈조차 없다. 옥상으로 가는 문이 굳게 닫혀 있다. 열쇠를 가진 경비원이 2층에서 3층으로 오르는 계단을 뛰어오른다. 하지만 거대한 쓰나미는 이미 운동장을 휩쓸고 있다. 해안 주차장에 서있던 승용차와 트럭, 오토바이가 쓰나미에 떠밀려 학교 건물을 때린다. 학교 인근 주택들도 맹렬한 쓰나미에 부서지고 떠밀려 학교 2층 교실 창문을 망가뜨리며 밀려온다. 수위는 점점 올라간다. 열쇠를 들고 필사적으로 계단을 오르던 경비원은 쓰나미에 떠밀린 구조물에 부딪혀 물속으로 흙탕물 속으로 사라진다. 물은 점점 차오르고 옥상 문에 가로막힌 아이들과 교사들 2백여 명은 무서운 쓰나미에 희생되고 만다.

시즈오카현 앞바다에서 발생한 지진은 규모 9.2, 일본 사상 최대 강진이었다. 2011년 동일본 대지진을 능가하는 규모였다. 그때처럼 이번에도 쓰나미 피해가 더 컸다. 시즈오카현 해안 200km에 걸쳐 대재앙이 덮쳤다. 해안가 마을은 쑥대밭이 됐다. 목조주택들은 모조리 쓰나미에 휩쓸려 흔적도 없이 사라졌다. 학교에서 공부하다가, 회사에서 일하다가, 집에서 설거지하다가, 꽃에 물주다가 … 대피하라는 긴급 문자메시지와 함께 사이렌이 울렸지만 고지대로 대피할 만한 시간은 충분하지 않았다. 순식간에 밀려온 쓰나미에 목숨을 내줄 수밖에 없었다.

이튿날 확인된 사망자만도 만 명이 넘었다. 실종자는 20만 명에 육박했다. 더 참혹한 일은 강진 발생 이틀째 벌어졌다. 하마오카 원자력발전소가 폭발하면서 대규모 방사능 유출 사고가 터진 것이었다.

16. 원전 폭발, 연쇄 강진

규모 9.2의 강진이 초래한 슈퍼 쓰나미로 시즈오카현 오마에자키 시에 있는 하마오카 원자력발전소도 온전하지 못했던 것이다. 10m의 방수벽이 있었지만 재앙에는 버틸 수 없었다. 전기가 끊기자 모든 원자로 가동이 중단된다. 비상 발전기조차 가동되지 않자 냉각기능이 상실되고 원자로 온도는 급격히 오른다. 쓰나미가 덮치고 이틀 후 1호기부터 3호기까지 연쇄 폭발이 일어나면서 엄청난 규모의 방사능이 유출된다. 터빈실 주변에서는 2만 배나 높은 방사성 물질이 검출된다. 복구에 나선 원전 직원들은 방독면 착용에도 불구하고 구토 증세를 나타낸다. 2011년 후쿠시마 방사능 재앙을 기억하고 있던 터여서 그들은 극도의 공포와 사투를 벌인다.

방사성 물질은 바람을 타고 며칠 만에 인근 100km 지점까지 오염시켰다. 보이지 않는 냄새도 없는 독성 물질이 논밭에 내려앉았고 소가 뜯는 풀에도 내려앉았다. 태평양은 고농도 요오드 131로 물들어갔다. 물고기는 오염수를 마시고 사람들은 오염된 생선을 먹게 될 터였다. 후쿠시마 원전 사례로 볼 때 이제 시즈오카는 사람이 살 수 없는 죽음의 땅이 될 터였다. 시즈오카 앞바다는 죽음의 바다가 될 터였다. 녹차밭으로 유명하고 후지산이 온전하게 바라다보이는 시즈오카는 서서히 폐허로 변해갈 터였다.

사실 사고가 난 하마오카 원전은 2011년 5월 간 나오토 총리 지시로 운전이 정지됐었다. 후쿠시마 원전 폭발 이후 안전 문제가 제기돼 10년간 정지 상태로 묶어놓았던 것을 아베 총리가 운전 재개 결정을 내렸던 것이다. 대지진이 한동안 뜸하자 탈원전 정책을 슬그머니 바꾼 것이었다. 하마오카 원전 사고가 발생하자 대한민국 정부 일본 총독부는 즉시 사고 구역 반경 100km를 출입제한 구역으로 설정하고 모든 주민들에 대해 즉시 퇴거 명령을 내린다. 주민들은 혼비백산 옷가지와 귀중품만 챙겨 마을을 빠져나온다. 피난 행렬이 며칠째 이어진다.

그런데, 이 와중에 또 다른 거대 강진이 휘몰아친다. 이번엔 니가타현 가시와자키시 해역 20km에서 규모 9.2의 초강력 지진. 시즈오카를 엄습한 것과 같은 규모다. 니가타 지진 역시 슈퍼 쓰나미를 동원했다. 가시와자키시를 중심으로 해변 150km가 초토화됐다. 가시와자키가리와 원전도 6호기 가운데 3기가 연쇄 폭발, 이 지역도 방사성 물질 누출로 재앙의 땅이 된다. 2주일 새 일본 역사상 최대 규모의 지진이 연쇄 발생하고 그에 따른 쓰나미로 2백만 명 가까운 사망자와 실종자가 발생하는 끔찍한 대재앙에 일본 열도는 깊은 슬픔과 절망, 비탄에 빠진다. 니가타현 앞바다에서 발생한 지진의 영향으로 한반도 동해와 남해에도 쓰나미가 발생하지만 큰 피해는 없었다.

연쇄 강진 이후 민심이 흉흉해지자 도쿄에서는 괴상한 소문이 돈다. 앞으로 다가올 끔찍한 사태를 예감하지 못한 채.

17. 총독부를 향한 분노의 물결

시즈오카 대지진과 니가타 대지진으로 일본 열도에 대혼란이 벌어졌다. 두 달 동안 규모 6.0 이상의 강력한 여진만 2백여 차례 발생하며 열도를 공포로 몰아넣었다. 규모 2.0 이상의 여진은 이미 3천 차례 넘게 발생한 것으로 관측됐다. 두 지역 일대 주민들은 하루에도 생사를 넘나드는 수십 회의 지진과 마주해야 했던 것이다. 거기다 원전 폭발에 따른 대규모 방사능 누출 사고는 일대를 죽음의 땅으로 만들어버렸다.

대피지역뿐 아니라 반경 200km까지 방사능에 심각하게 오염될 수 있다는 전문가들의 경고가 나오면서 주민들은 케이오스에 빠졌다. 간사이로, 규슈로, 홋카이도로 피난 행렬이 줄을 잇는다. 시즈오카 동쪽에 위치한 도쿄도 예외가 아니었다. 수돗물이 방사능에 오염됐다는 소문, 내리는 비는 세슘비라서 맞으면 그대로 피폭된다는 소문, 방사능 때문에 애완견도 다리가 6개 달리고 고양이 얼굴을 한 새끼를 낳았다는 말이 나돌았다. 심지어 시즈오카에 살던 임신부가 원전 사고 후 두 달 만에 출산했는데, 외눈박이에다 코와 입이 붙은 아이가 태어났다는 이야기까지 흘러다녔다.

이런 요상한 소문은 TV와 신문에서는 전혀 보도되지 않고 있었다. 총독부가 사전 검열을 통해 완벽하게 통제하고 있었기 때문이었다. 사실인지

뜬소문인지 확인되지 않은 루머들이 떠도는 사이 피폭자들이 죽어갔고 사망자 시신들을 총독부 산하 비밀조직에서 수거해 군마현 어딘가에서 집단화장을 하고 있다는 소문이 돌 즈음이었다.

"뭔가 이상하지 않아? 희생자들은 모두 일본인들이야. 한국인 마을 거주자들은 멀쩡하다잖아"

도쿄 가와사키 시내 한 야키토리 집에서 사케를 마시던 샐러리맨들의 웅성거림에 나가노 유키오(훗날 일본 독립군 지도자가 될 도쿄대 출신의 천황제 폐지주의자) 와 이철훈(나가노 유키오와 함께 도쿄대를 나온 친구이자 일본 독립군 조력자)이 귀를 기울인다.

"그러게 말이야, 방사능 오염 사태가 여기 도쿄도 심각한 상황인데, 신주쿠와 메구로 한국인 마을만은 오염되지 않았다는 게 말이 돼? 이건 분명 뭔가 있어"

샐러리맨들의 이야기는 점점 총독부에 의한 일본인 차별, 한국인 우대 쪽으로 좁혀졌다.

"한국인들만 방사능 피해가 없다는 건 납득이 되지 않잖아. 총독부에서 일하는 후배 이야기를 들어보니 한국인 직원들은 하루에도 몇 번씩 무슨 알약 같은 걸 먹는다더군. 그 후배 말로는 방사능 해독제 같다는 거야. 물량이 얼마 안 돼서 한국인들에게만 지급한 것 같다는 거지"

순간 나가노 유키오와 이철훈의 눈이 서로 마주쳤다.

"저 얘기가 사실이라면 우리가 가만있을 수는 없어"

나가노 유키오가 격앙된 목소리로 말했다.

"이건 분명 일본인 차별이야. 같은 대한민국 국민인데 한국 출신 사람들만 살리려 한다는 건 있을 수 없잖나"

"그래 유키오. 네 말이 맞아. 이게 사실인지 내가 알아볼게"

이철훈은 여자친구 오숙희에게 전화를 건다.

"숙희야. 나야"

"오빠, 괜찮아?"

"어, 미안해 연구가 바빠서 연락 못 했네"

"도쿄 한복판까지 방사능에 다 오염돼 난린데, 어떻게 된 거야? 연락도 안
되고"

"그래, 넌 괜찮아?"

"오빠 빨리 집으로 가. 한국인 거주 지역 외에는 다 위험해"

"그게 무슨 말이야?"

"수돗물이 방사능에 다 오염돼서 마시는 것도 샤워하는 것도 설거지하는

것도 위험해. 근데 총독부가 한국인 거주 지역에 공급되는 수돗물에는 해독제를 풀어서 괜찮대"

"그걸 왜 한국인 거주 지역에만?"

"그게 한 달 전에 개발된 건데, 양이 극히 모자라서 우선 한국인들에게만 준다는 거야. 한국인 거주 지역 수도관에 약물을 주입하고 알약으로 된 해독제는 총독부 한국인 직원들에게 별도로 지급하고 있어. 일본인들이 알면 난리 날 거야"

도쿄대 박사과정에 있던 이철훈은 논문에 집중하느라 2주일째 연구실에 처박혀 있었던 탓에 이 같은 사실을 전혀 알지 못했다.

"그렇다고 그걸 한국인들에게만?"

이철훈은 주먹을 불끈 쥐었다.

이튿날 나가노 유키오와 이철훈은 도쿄대 아카몽에 대자보를 붙인다.

대한민국 일본 총독부에게 고함

시즈오카 대지진과 원전 폭발에 따른 대규모 방사능 누출이라는 대재앙으로 열도 전체가 시름하고 있는 요즘 방사능 해독제가 한국인에게만 지급되고 있는 것은 명백한 일본인 차별이다. 일본열도 출신도 한반도 출신과 다름없이 대한민국 국민임에도 어찌 총독부는 한국인 거주 지역에만 방사능 해독제를 사용한 수돗물을 공급하고 있는가? 또한 총독부 직원 가운데 한국인들에게만 해독제를 지급하고 있는가? 일본열도 출신 국민들은 대한민국 국민이 아니란 말인가? 총독부는 반드시 이에 답해야 할 것이다. 이 같은 차별을 폐지하지 않는다면 열도 출신 지식인들이 총 투쟁에 나설 것임을 천명한다.

의기투합한 나가노 유키오와 이철훈은 곧바로 도쿄대 내에 한일 차별 철폐 위원회를 조직한다. 뜻을 함께 한 학생 백여 명으로 구성된 위원회는 곧바로 행동을 계획한다.

도쿄대 대자보 내용은 순식간에 도쿄 도내는 물론 열도 전체에 퍼져나갔다. 일본 열도는 분노로 들끓었다. 총독부 홈페이지에는 항의하는 글이 쇄

도했다. 대학생을 중심으로 한 일본 청년들이 도쿄대 한일 차별 철폐 위원회에 적극 지지 입장을 천명하면서 총독부를 상대로 한 시위의 물결이 곧 다가올 터였다. 군중의 분노는 이미 총독부를 향하고 있었다.

18. 시위대 해산에 나선 야쿠자

도쿄 경시청에 비상이 걸렸다. 한국인 거주 지역에 공급되는 수돗물에만 방사능 해독제가 투여되고 총독부의 한국인 직원들에게만 방사능 해독제 알약이 지급된다는 소문이 삽시간에 퍼지면서 일본인들의 분노가 폭발 직전이었다. 나가노 유키오와 이철훈이 주도하는 한일 차별 철폐 위원회에는 일본인 지식인들이 대거 이름을 올렸다. 이들은 총독부 앞에서 대규모 궐기대회를 열기로 결의했다.

"우리가 나서지 않으면 일본인에 대한 차별은 없어지지 않을 것입니다. 특히 지금 방사능 누출로 인해 많은 이들이 위험에 노출되어 있고 고통받고 있습니다. 이 와중에 한국인들만 해독제를 지급받고 있다는 것은 명백한 차별행위이자 부당한 취급입니다. 총독부가 그동안 외쳐온 한일 일체 정신에도 위배되는 것 아닙니까?"

나가노 유키오의 쩌렁쩌렁한 목소리가 도쿄대 강당을 울렸다.

"맞습니다. 한반도 출신이나 일본열도 출신이나 모두 대한민국 국민인데, 어찌 한반도 출신자에게만 혜택이 주어지고 일본열도 출신자는 소외될 수 있단 말입니까? 총독부는 더 이상 차별행위를 하지 말고 방사능 해독제를 모든 이들에게 공평하게 지급해야 합니다. 우리가 행동에 나서지 않으면 그들은 움직이지 않을 것입니다. 여러분!"

이철훈이 거들었다. 도쿄대 강당에 모인 한일 차별 철폐 위원회 위원들은 몹시 격앙되어 있었다.

"나도 우리 같은 지식인들이 행동에 나서야 한다는 데 동의합니다. 우리 모두 힘을 모아 총독부에 쳐들어갑시다!"

군중 속에서 누군가 소리쳤다.

"옳소! 옳소!"

총궐기대회는 9월 25일 오후 2시로 잡혔다. 과학계와 문학계, 예술계 인사들을 비롯한 지식인 중심의 위원회가 주도하는 것이었지만 성난 군중들도 가세했다. 이케부쿠로 상인연합회를 필두로 도쿄 지역 상인들과 지역 대학생들이 대거 참가하기로 했다.

"보통 일이 아니군"

도쿄 경시청 차장으로 승진한 이감응이 혼잣말처럼 뱉었다.

"일본인들의 대규모 시위라, 이걸 그냥 놔둘 순 없지. 싹을 잘라내야 하지 않겠나?"

"물론이죠. 방치했다가는 독버섯처럼 자라버릴 테니까요"

나석이 파 두목 공나석이었다. 일본 열도의 야쿠자 조직을 삼키고 통일을 이룬 공나석은 경시청은 물론 총독부와도 커넥션을 만들어가며 일본 열도에서의 사업을 확장하고 있었다. 고리대금업과 도박업, 풍속업은 물론 건설업과 부동산 임대업에까지 진출하며 돈을 긁어모으는 중이었다.총독부 앞 궐기대회를 사흘 앞두고 공나석이 전국 우두머리 회의를 소집했다. 넘버 2인 한영욱과 넘버 3 이도관, 넘버 4 이한식. 그리고 야마구치 히데오와 이토 타로, 니시마 타다오 등이 긴자의 한 요정에 모였다.

"우리는 대한민국 정부의 은혜를 입고 그동안 조직을 키웠고 사업을 확장해왔다. 그런데 최근 발생한 재난으로 국가가 위기 상황에 놓이게 됐다. 이제는 우리가 국가를 위해 봉사할 때가 왔다. 형제들이여, 힘을 합치자"

"예. 회장님!"

야마구치구미 소속 조직원들이 이 작전에 함께 할 수 있었던 데는 이유가 있었다. 한국인에게만 지급되는 방사능 해독제를 이들도 예외적으로 지급받고 있었기 때문이었다. 또한 나중에 이 해독제가 다량 생산되면 이를 통한 돈벌이가 가능해질 것이란 점도 그들에게 충성도를 높이는 요소로 작용했다. 총독부와 계약을 맺은 제약회사가 개발한 해독제는 아직 백 퍼센트 임상실험을 끝내지 못한 상태였다. 효과가 입증되면 대량 생산체제로 돌입해 더 많은 이들에게 보급이 가능하도록 한다는 계획이지만 공나석은 이 과정에 개입해 돈벌이 수단으로 활용할 계산이었던 것이다.총궐기일에 펼쳐질 작전명은 '이치가야 대청소'로 정해졌다. 총독부가 들어선 옛 일본 방위성이 자리 잡은 이치가야에서 대청소가 이뤄질 것임을 예고한 작전명이었다. 차별 철폐를 부르짖는 일본인 시위대가 야쿠자의 총칼에 쓰러지며 이치가야는 피바다가 될 터였다.

19. 이치가야 대청소 작전

2042년 9월 25일 이치가야 총독부 앞

일본인 차별 철폐를 촉구하는 백만 시민 궐기대회는 2시부터 열릴 예정이었다. 도쿄를 비롯한 수도권은 물론 멀리 교토와 오사카에서도 시민들이 몰려들었다. 20대가 주축이었지만 50대 60대도 적지 않았다. 그만큼 방사능 해독제를 한국인들에게만 지급한 것은 일본인들을 크게 자극할 만한 일이었다. 총독부는 무장병력을 총독부 안밖에 배치했다. 바리케이드를 설치하고 그 바리케이드 밖에는 최루탄과 고무탄 총으로 무장한 경찰을 배치했다. 이감응 도쿄 경시청 차장이 공나석에게 전화를 건다.

"준비는 차질 없이 되고 있겠지?"

"물론이죠. 걱정 마십시오. 야쿠자 아이들을 곳곳에 배치해놨습니다"

시위대 사이에 야마구치구미 소속 조직원 천 명이 섞여 있었다. 나석이파 조직원 2백여 명이 이들과 함께 했다. 현장 대장 역할을 맡은 건 나석이파 넘버 4 이한식이었다.

"경찰이 최루탄을 쏘는 걸 신호로 작전에 돌입한다. 연단에 자리 잡은 지도부 인사들부터 없애면 되는 거야. 알겠지?"

"네!"

조직원들은 모두 회칼로 무장하고 있었다.

"시민 여러분! 대지진이 시즈오카를 덮친 지 두 달을 넘었습니다. 곧바로 원전 폭발의 대재앙이 닥쳤지만 우리는 절망 속에서도 희망을 싹 틔우며 극복을 위해 하나 되어 견뎌내고 있습니다. 그런데 총독부는 한국인 거주 지역에만 방사능 해독제가 투여된 수돗물을 공급하고 한국인들에게만 해독제를 나눠주고 있습니다. 우리 일본열도 출신 국민들은 방사능에 노출된 채 언제 죽을지 모를 삶을 살아가고 있습니다. 우리의 분노를 모아 총독부에 엄중히 항의합시다!"

연단에 서 마이크를 잡은 나가노 유키오의 목소리에서는 단호한 결기가 담겨 있었다.

"우리 이제 총독부를 향해 전진합시다"

수십 만의 시위대가 운집한 이치가야 일대는 긴장감이 팽팽했다. 경찰은 최루탄을 장전했고 물대포를 준비했다.

"와~"

함성과 함께 시위대가 움직였다. 시위대가 총독부 건물 앞에 설치된 바리 케이드에 다가서는 순간 경찰은 일제히 최루탄을 발사했다. 희뿌연 연기 가 시위대 한가운데에 퍼졌다. 매캐한 연기 속에 시위대가 움칫 행진을 멈 춘다. 그때였다.

"지도부를 습격해!"

이한식이 외쳤다. 조직원들은 품고 있던 회칼을 꺼내들고 나가노 유키오 를 비롯한 지도부 인사들을 향해 달려든다. 그런데 돌연 야쿠자 조직원들 이 이한식을 비롯한 나석이파 조직원들을 공격한다. 일부는 나가노 유키 오 등 시위대 지도부를 감싸며 보호한다. 최루탄을 쏘던 경찰 병력 뒤편에서도 죽도와 각목 쇠파이프로 무장한 야쿠자들이 투입되더니 경찰을 공격한다. 순간 바리케이드 안쪽은 아수라장이 되고 최루탄 발사기와 물대포는 야쿠자들에게 장악된 채 경찰력은 무력화되고 만다.

"뭐야, 이 야쿠자 새끼들이 우리를 배신한 거야?"

"이봐 이한식이, 우리가 언제까지 너희들 꼬붕 노릇을 할 줄 알았냐. 우리도 일본인이라고. 일본인들이 차별받고 있는데 우리 야쿠자들이 동포들을 죽일 거라고 생각했다면 오산이야. 이참에 야쿠자의 뜨거운 맛을 보여주지"

니시마 타다오가 회칼을 꺼내 치켜든다. 햇빛을 받아 번뜩이던 니시마의 칼이 이한식의 목에 꽂힌다. 이한식에 이어 나석이 파 조직원들이 하나씩 야쿠자들의 칼에 쓰러진다.총독부 앞 바리케이드 저지선이 무너지고 시위대는 하늘을 찌를 듯한 함성과 함께 총독부 정문을 향해 돌진하는데...

20. 야쿠자 살육

"총독님, 이건 시위가 아니라 폭동입니다. 군 병력을 동원해 무력으로 막아야 합니다. 여기서 밀리면 일본 열도 전국에서 폭동이 민란처럼 번질 게 분명합니다."

이감응이 이지국 총독에게 보고한다.

"할 수 없지. 군경 합동 작전에 돌입해 무력으로 진압하시오"

"네"

이감응은 총독부 정문 안에 배치한 특공대원들에게 사격 명령을 내린다.

"정문 진입을 시도하는 자는 모두 사살하라"

총독부 건물 현관 바로 앞에는 대한민국 육군 탱크가 도열했다. 옥상에는 전투 헬기가 속속 내려앉고 있었다. 군부대의 전투 준비와 경찰 특공대의 저격대 배치 등 심상치 않은 움직임이 시위대를 더 자극한다.

"시민 여러분, 저들이 우리를 무력으로 진압하려 하고 있습니다. 우리가 여기서 해산하면 저들은 일본인에 대한 차별을 지속할 것입니다. 물러서지 말고 맞서 싸워야 합니다"

선봉에 선 나가노 유키오가 시민들을 독려했다. 그러는 사이 시위대 무리 한가운데서는 야마구치구미 소속 야쿠자 조직원들과 나석이파 행동 대원 간에 죽고 죽이는 살육전이 이어진다.

"언제까지 우리 야쿠자들이 우리 동포들을 배신한 채 너희 조센징 조폭들 꼬붕 노릇을 해야 한단 말이냐. 죽어라!"

싸움은 니시마 타다오가 지휘했다.

"이런 쪽발이 야쿠자 새끼들, 결국 배신하는구나. 너희들이 그러고도 살아남을 수 있을 것 같으냐. 얘들아 야쿠자 놈들부터 다 죽여"

시위대의 함성 속에 나석이 파와 야마구치구미 간의 난폭한 싸움이 이어진다. 회칼 부딪히는 소리에 목을 잘린 야쿠자, 팔이 잘려나가는 조폭, 피가 사방에 튄다.

 돌연 나석이 파 넘버 4 이한식이 목에 칼을 맞는다. 니시마 타다오의 회칼이었다. 이한식은 그대로 아스팔트 바닥에 엎어진다. 니시마는 이한식의 죽음을 확인하겠다는 듯 등과 옆구리를 쑤시고 다시 양손으로 회칼을 잡고는 이한식의 목에 쑤셔 넣는다. 이한식은 눈을 감지 못한 채 숨을 거둔다.나석이 파는 수적으로 열세였다. 야쿠자들의 생각지도 못했던 반란에 속수무책으로 당할 수밖에 없었다. 그때였다.

"탕탕 탕탕!!!!"

특공대 스나이퍼들의 총이 불을 뿜는다. 야쿠자 조직원들이 하나둘씩 쓰러진다. 혼비백산, 시위대가 흩어진다. 설마 총을 쏠까 했던 시위대가 충격에 빠진다.

"여러분 흩어지지 맙시다!"

나가노 유키오가 나선다. 다시 특공대 스나이퍼들의 총격이 시작된다.

"탕탕탕!"

앞장섰던 시위대 지도부 인사 몇 명이 총에 맞았다.

"으악!"

고꾸라지는 시신 사이에서 나가노 유키오의 친구 이철훈이 외친다.

"나가노! 어서 피해! 저격수가 너를 노리고 있어!"

나가노가 저격수 한 명과 눈이 마주친 순간, 이철훈이 나가노를 몸으로 밀쳐 넘어뜨린다.

"탕!"

저격수가 쏜 탄환이 이철훈의 어깨를 스친다. 총독부 안에 있던 탱크가 기동하고 옥상에 있던 육군 전투 헬기가 프로펠러를 돌리며 상공으로 오른다. 탱크의 포신이 불을 뿜으며 발사된 포탄은 시위대 사이사이에 떨어지고 헬기에서 뿜어져 나온 기관총은 시위대를 갈긴다. 무자비한 무력진압에 시위대 천여 명이 그 자리에서 숨을 거두고 2천 명이 중상을 입었다. 살아남은 자들은 모두 뒷걸음질 친다. 야쿠자와 조폭 간의 살육전도 일단 멈췄다.나가노 유키오는 체포조에 붙잡혔다. 그렇게 시위는 진압됐다.

야쿠자의 배신을 보고받은 공나석은 불같이 화를 냈다.

"뭐라고? 한식이가 야쿠자 놈들에게 당했다고?"

"네, 회장님. 놈들이 배신하리라고는 전혀 눈치채지 못했습니다"

"이제 야마구치구미의 씨를 말려야겠구나"

21. 두목 공나석의 최후

3천여 명의 사상자를 낸 총독부 앞 시위 진압 후 일본 열도 내 민심은 더욱 악화되어갔다. 방사능 해독제를 한국인들에게만 지급했던 데 대한 불만과 더불어 잔인하게 무력으로 시위를 진압한 데 대한 일본인들의 불만이 하늘을 찌를 듯했다. 야쿠자 사이에서도 반한 감정이 심화되기 시작했다. 나석이파에게 조직을 내어준 후 사업권의 태반을 넘겨줬을 뿐 아니라 그로 인한 수익 감소로 조직을 운영할 기반이 약해졌기 때문이다. 그런데다 같은 동포들을 죽이라는 명령까지 받자 저항이 커질 수밖에 없었다. 공나석은 자신이 아끼던 이한식이 니시마 타다오의 칼에 죽었다는 사실을 보고받고 치를 떤다.

"니시마 이 새끼가~ 결국 야마구치 놈들을 다 없애버려야겠어. 영욱아!"

"네, 회장님!"

"네가 니시마의 목을 베어서 가져와야겠다"

"네, 회장님"

넘버 2 한영욱이 조직원들을 급히 소집했다. 총독부 앞 살육전에서 부하들을 꽤 잃은 한영욱은 소수 정예부대로 작전팀을 꾸렸다. 목표는 니시마 타다오, 야마구치구미 넘버 3. 한때는 나석이파와의 평화 공존을 주장하며 대결을 피해야 한다고 직언했던 인물이었다. 그랬던 그가 이한식의 목에 칼을 꽂았다.

한영욱 일당이 요쯔야 산쵸메(도쿄시내 지명) 복집에 들이닥쳤다. 니시마 타다오와 부하들이 다다미방에서 게이샤(일본 기생)들을 옆에 낀 채 복어회 요리와 함께 구보타만쥬(일본의 고급 청주)를 즐기고 있던 때였다. 가게 앞을 지키고 있던 니시마의 부하들이 먼저 하나둘씩 제거된다. 아라빅 칼과 체인, 도끼 등으로 무장한 한영욱 일당은 복집 좁은 복도를 바람처럼 휩쓸며 촘촘히 서서 경계하던 야쿠자 꼬붕 등을 순식간에 쓰러뜨린다. 우당탕.. 챙챙.. 퍽.. 비명이 섞여 들리며 올 것이 왔구나 생각한 니시마가 측근 부하들 몇 명의 보호를 받으며 뒷문으로 줄행랑을 친다. 신발도 신지 못한 채 다다미방을 빠져나와 내부 정원을 거쳐 주방으로, 그리고 음식 창고, 그 뒷골목으로 빠져나가는 문을 열어젖히고 튀어나간 순간.검은 양복 차림, 짙은 선글라스를 낀 한영욱이 양 옆구리에 손을 얹은 채 니시마를 노려본다. 흠칫 놀란 니시마가 안주머니에서 잭나이프를 꺼낸다. 니시마의 부하들은 잽싸게 그를 감싼다.

"야, 니시마! 넌 내 동생을 죽였어. 우리 조직에서 배신은 어떤 대가를 치러야 하는지 너 정도 되는 놈이 모를 리 없을 텐데, 마지막으로 묻자. 이유가 뭐냐?"

오금이 저린 니시마가 떨리는 목소리로 답했다.

"우리도 대한민국 국민 대접을 받고 싶었습니다. 하지만 총독부는 우리를 개돼지 취급했고 이한식은 이에 항의하는 우리 일본 사람들을 죽이라고 했어요. 도저히 받아들일 수 없는 요구였어요. 제발 목숨만은 살려주세요"

울음 섞인 목소리로 읍소하듯 읊조리던 니시마가 무릎을 꿇는 척하다가 돌연 한영욱을 향해 칼을 휘두른다.순간

"탕!"

한영욱의 권총이 불을 뿜는다.

탄환은 니시마의 심장을 뚫었다. 머리를 바닥에 꽂으며 쓰러진다. 니시마 주변에 있던 야쿠자 3명은 얼음장처럼 굳어버렸다. 한영욱의 부하들 중 한 명이 그 세명에게 잇달아 도끼를 내리치며 피바다로 만든다. 도끼를 건네받은 한영욱은 쓰러진 니시마의 목을 수차례 내리치고 동강난 머리채를 잡아 올린다.

그날 저녁 공나석 집무실

"회장님! 여기 니시마 타다오의 머리를 가져왔습니다"

한영욱이 상자를 열더니 니시마의 머리를 들어 올린다.

"수고했다."

만족스러운 표정으로 니시마의 머리를 쳐다본 공나석이 테이블 대각선 방향에 무릎 꿇고 앉아 있던 야마구치 히데오를 향해 나지막이 말한다.

"야마구치 히데오. 배신하면 어떻게 되는지 똑똑히 봤겠지. 너는 이번 일이 너와는 상관없이 이뤄진 거라고 말하지만 어차피 너나 니시마나 쪽발이야. 쪽발이 새끼들은 믿을 수가 없거든. 도대체가 신용할 수가 없단 말이지. 어떻게 내 신뢰를 얻겠는지 네 입으로 말해봐"

"회장님! 제가 죽으라면 죽는 시늉이라도 하겠습니다. 제가 조직관리를 제대로 하지 못해 일어난 일이니 제가 모든 책임을 지겠습니다. 회장님 신용을 얻기 위해 제 손가락 하나를 더 자르겠습니다"

야마구치 히데오는 이미 손가락 하나를 잘라 바친 적이 있다. 나석이 파의 일본 진출 직후 부도칸 대결에서 깨끗이 패배를 인정하고 왼손 새끼손가락을 스스로 잘라 공나석에게 바쳤던 그가 이번엔 오른손 새끼손가락을 테이블에 올려놓았다. 나머지 네 손가락은 모두 접고 왼손에 잭나이프를 쥐었다.

"쏙"

질겅질겅 새끼손가락 두 마디가 잘려나가고 피가 테이블에 흥건히 고인다.

"회장님! 믿어주십시오"

"히데오! 이번 일은 그냥 넘어가지만 다음엔 네가 배를 갈라야 할 것이야"

"네, 회장님!"

나석이 파와 야마구치파의 총독부 앞 살육전과 그에 따른 처분은 이것으로 마무리됐다. 적어도 겉으로는 그렇게 보였다. 하지만 사실 곪을 대로 곪은 것이 터진 것이었고 균열은 메워지지 않았다. 부하들 간의 갈등의 골은 점점 깊어갔고 그러는 사이에 야마구치파 내부에서 공나석 암살 계획이 자라나고 있었다.

한 달 후 신주쿠교엔

화창한 가을 날씨에 야외 결혼식이 성대하게 치러지고 있었다. 이지국 총독의 아들이 천황의 큰 딸을 배필로 삼는 날이었다. 두 사람의 결혼은 정략결혼이었다. 대지진과 원전 폭발, 방사능 해독제 문제로 일본인들의 민심이 흉흉한 가운데 급히 정해진 결혼이었다. 야마구치 히데오가 손가락

네 개로 와인병을 들어 공나석의 잔에 따른다.

"회장님, 총독님의 아드님과 천황의 따님이 결혼을 하시니 이제 명실공히 한일 국민이 한 국민이 되는 통합되는 거군요"

공나석이 받았다.

"우리 세계도 마찬가지 아닌가? 이제 잘 다스려야지"

관현악단의 연주 속에 피로연의 분위기가 서서히 무르익기 시작했다. 결혼식 스태프로 보이는 한 청년이 공나석에게 다가가 귀엣말을 한다.

"총독님께서 잠시 뵙자고 하십니다. 10분 후에 저쪽 프랑스 정원 쪽으로 가시면 됩니다"

공나석이 이지국 총독과 몇 차례 만나 인사한 적은 있지만 이렇게 따로 보자는 건 처음이었다.

"총독님이 보자시네, 무슨 일이지? 잠시 다녀올 테니 마시고 있어"

"네 회장님! 제가 모시겠습니다."

같은 테이블에 있던 야마구치 히데오와 한영욱이 예를 갖추며 따라나선다. 신주쿠교엔 프랑스정원에 도착한 공나석이 총독을 기다렸다.낙엽이 하나 씩 떨어지는 가운데 주변에는 아무도 없었다. 결혼식 피로연에서 잔치를 즐기는 모습이 멀찌감치 보였다. 머리가 조금 어지러운 듯 공나석이 한 쪽 손으로 벤치 등받이를 짚고는 다른 한 손으로 머리를 만진다. 시야가 뿌옇 게 변하는 느낌이다. 기운이 빠진다. 한영욱도 눈앞이 핑 도는 느낌이다. 졸린 듯 눈꺼풀이 내려앉는다. 그때 복면을 한 10여 명이 갑자기 어디서 나타났는지 모르게 공나석과 한영욱을 에워싼다. 그 복면 사내들 사이에 서 야마구치 히데오가 이빨을 드러내며 미소를 짓는다.

"회장님, 와인을 좀 많이 드셨나 봅니다"

"총독님은 안 오시고 저놈들은 뭐야?"

"고레마데 오쯔까레. 키미와 모우 신데모라우죠. 고레까라와 와시가 고노

소시키오 시하이사세떼모라우" (지금까지 수고 많았어. 이제 당신은 죽어 줘야겠어. 지금부터는 내가 이 조직을 지배하겠어)

돌연 눈을 부릅뜬 야마구치가 일본어로 공나석에게 내뱉는다. 그리고는 그의 뒤에서 왼팔을 목에 감고 돌린다. 오른손을 공나석의 눈앞에 대고.

"고레오 미로. 키미니 와시노 고유비오 사사게딴자나이. 와시노 소코쿠, 다이닛뽄노 타메니 사사게딴다" (이걸 봐, 당신을 위해 내 손가락을 바친 게 아니야. 내 조국, 대일본을 위해 바친 거라고)

한영욱은 당했다고 생각했지만 몸이 말을 듣지 않는다. 복면을 한 놈 2명이 한영욱의 양팔을 붙들고 다른 한 명은 뒤에서 목을 조른다.

야마구치의 팔이 점점 공나석의 목을 조여간다. 아까 마신 와인에는 졸피뎀이 섞여있는 줄 공나석은 알아차리지 못했다. 야마구치가 몰래 넣었던 졸피뎀의 효과가 서서히 나타나기 시작했던 것, 공나석은 아무 힘도 쓰지 못한 채 숨이 조여오고 눈이 감겨가면서 죽음을 맞이해야 했다. 한영욱도 곧이어 숨을 거둔다.

야마구치 히데오는 그렇게 공나석과 한영욱을 제거하고 나석그룹 회장 자리를 노린다. 한국 폭력조직인 나석이파의 꼬붕 노릇을 해왔던 야마구치 히데오가 다시 일본 열도의 찬란했던 야쿠자의 역사를 새로 써야겠다는 각오를 다진다. 야쿠자의 독립을 넘어 일본의 독립까지 꿈꾸며 총독부 앞 시위 주동자였던 나가노 유키오와 손을 잡게 될 줄은 아직 모른 채.

22.고조되는 독립운동 열기

방사능 오염 피해는 커져만 갔다. 시즈오카 차밭이 모두 방사성물질에 오염돼 찻값이 천정부지로 치솟았다. 차밭뿐 아니라 논이며 배추밭이며 모든 농작물이 오염되어버렸다. 아무것도 건질 게 없었다. 포클레인이 동원돼 오염된 땅을 갈아엎고 흙을 포대에 담아 지정된 오염토 보관소에 실어 나르는 일이 이어졌다. 수돗물, 지하수도 모두 오염돼 마실 물도 없었다. 편의점과 마트에도 생수가 바닥나버렸다. 대한민국 본국과 중국 등 외국으로부터 긴급 수입해야 했지만 시간이 걸리는 문제였다.

폭발한 원전에서 반경 50km 내 지역에 있었던 주민들 가운데 방사능 오염에 따른 증상이 나타나기 시작했다. 피부에 붉은 발진이 생기기도 하고 목소리가 쉰 소리로 변하기도 했다. 갑상선암 환자가 급증하는가 하면 미숙아와 기형아 출산이 유난히 눈에 띄게 늘었다. 이런 현상은 원전 폭발 1년도 되지 않아 나타나기 시작했고 앞으로 더 심각한 재앙과 맞닥뜨려야 할 것이라고 전문가들은 우려했다.

방사능 해독제는 여전히 한국인들에게만 지급되고 있었다. 한국인 거주지역으로 공급되는 수돗물에만 해독제가 투여됐다. 총독부는 해독제를 대량 생산할 수 있는 시스템을 마련하기 위해 국영 제약회사를 채근했지만 시간이 걸릴 수밖에 없는 일이었다.

해독제는 지급되지 않고 오염에 따른 이상 증세와 더불어 심적 공포에 시달리면서 일본인들의 불만은 고조될 수밖에 없었다. 서서히 꿈틀대던 일본 독립운동의 뿌리가 이제 본격화할 조짐이었다.

"이대로 있을 수는 없어. 우리는 한국의 식민지에서 하루빨리 벗어나 독립을 이뤄야 해. 그렇지 않으면 우리 일본인들은 차별의 늪에서 영원히 벗어나지 못하고 3등 민족으로 전락하게 될 거야"

나가노 유키오가 상기된 표정으로 말했다.

"총독부가 하는 짓은 미친 짓이야. 방사능 오염이 이렇게 심각한데 어떻게 특정인들만 해독제 혜택을 누려야 하는 거냐고"

나가타 노리코가 거들었다. 나가노 유키오의 품에 안긴 노리코는 양손을 뒤로 돌려 브래지어 끈을 풀었다.

"이것 봐. 내 몸에도 방사능이 들어왔어"

노리코의 도톰한 가슴에 붉은 반점들이 돋아 있었다.

나가노는 양손 엄지와 검지로 노리코의 양 젖꼭지를 움켜쥐었다.

"노리코의 이 예쁜 가슴도 방사능에 오염되다니..."

나가노의 혀가 노리코의 유두를 삼킨다. 노리코는 "아~" 소리를 내며 고개
를 뒤로 젖힌다. 나가노의 오른손이 미끄러지듯 노리코의 가슴 아래로 흐
른다. 배꼽을 지나 골반, 그리고 계곡으로. 작은 숲속 옹달샘에 이르니 노
리코의 숨이 가빠진다.

노리코가 나가노의 여자친구가 된 것은 얼마 되지 않았다. 대학 동기로,
같은 동아리 멤버여서 친분은 있었지만 사랑하는 사이로 발전하게 된 계
기는 원전 폭발이 제공했다. 두 사람은 독립 만이 살길이라고 생각했다.
독립을 이루기 위해서는 조직이 필요했다. 전국 지식인들을 조직화하고
민중들을 계몽해야 한다는 결론에 이르렀다. 평화적 투쟁만으로는 독립을
쟁취할 수 없다는 사실은 이미 지난번 이치가야 시위에서 깨달았다. 무장

투쟁밖에 방법이 없다는 생각이었다.

"일단 전국적인 운동이 필요해. 지식인 중심의 지도자들을 한 조직으로 끌어들여야 하고 그런 다음 일반 민중들과 함께 만세운동을 펼쳐야겠어. 과거 조선이 했던 것처럼 말이야"

나가노가 신중한 표정으로 말하자 노리코가 고개를 끄덕였다. 나가노와 생각을 같이 하는 지식인들이 인터넷 비밀 커뮤니티를 형성해 의견을 나누기 시작했다. 총독부의 감시가 아직은 덜한 때였기에 가능한 일이었다. 홋카이도에서부터 규슈에 이르기까지 전역의 지식인 33명이 뜻을 모았다. 일본 독립선언서의 초안이 완성됐고 이를 발표할 날만 택하면 되는 상황이었다. 그러나 이들의 독립선언과 만세운동이 어떤 결과를 초래할지는 아무도 예측하지 못했다.

식민지 일본의 독립운동 씨앗은 그렇게 자라나고 있었다.

23. 일본열도에 울려퍼진 만세 소리

2043년 3월 1일

정오를 기해 도쿄 신바시 역 앞에 시민들이 운집했다. 어른 아이 할 것 없이 수도권에 사는 남녀노소가 구름처럼 모여들었다. 연단에는 33명의 지식인들이 도열했다. 한국의 압박과 차별을 더 이상 참을 수 없으며 독립만이 살길이라고 뜻을 같이 한 일본의 민족주의 지도자들이었다.

연단에 올라선 나가노 유키오가 마이크를 잡고 독립선언서를 낭독한다.

"우리는 우리 일본이 독립한 나라임과 일본 사람이 자주적인 민족임을 선언한다. 이를 세계 만국에 알리어 인류평등을 실현하며 자손만대에 일본 민족의 정당한 독립 권리를 영원히 누려가지게 하는 바이다"

나가노 유키오의 목소리는 단호했다. 그가 한 마디 한 마디 내뱉을 때마다 스피커를 통해 울리는 그의 쩌렁쩌렁한 소리가 빌딩 숲을 메아리쳤고 청중은 뜨거운 눈빛으로 연단을 쳐다보았다.

"낡은 시대의 유물인 침략주의, 강권주의에 희생되어, 역사가 있은 지 몇천 년 만에 처음으로 다른 민족의 압제에 뼈아픈 괴로움을 당한 지 이미 10년이 지났으니, 그동안 우리의 생존권을 빼앗겨 잃은 것이 그 얼마이며, 민족의 존엄과 영예에 손상을 입은 것이 그 얼마인가?"

백여 년 전 일본이 한국을 식민지배했을 때와는 비교할 수 없을 만큼 인간적 통치였음에도 일본 민족주의자들은 그 역사를 잊은 듯 자신들이 당한 차별과 핍박만을 강조하는 듯했다.

"당초에 민족적 요구로부터 나온 것이 아니었던 두 나라 합방이었으므로, 그 결과가 필경 위압으로 유지하려는 일시적 방편과 민족 차별의 불평등에 의하여 서로 이해가 다른 두 민족 사이에 영원히 함께 화합할 수 없는 원한의 구덩이를 더욱 깊게 만드는 오늘의 실정을 보라!

...

우리는 이에 떨쳐 일어나도다. 양심과 진리가 우리와 함께 나아가는도다. 남녀노소 없이 어둡고 답답한 옛 보금자리로부터 활발히 일어나 삼라만상과 함께 기쁘고 유쾌한 부활을 이루어내게 되도다. 앞길의 광명을 향하여 힘차게 곧장 나아갈 뿐이로다"

나가노의 연설이 이어지는 동안 신바시 일대는 한국 경찰과 헌병대원들의 작전이 펼쳐지고 있었다. 최루탄은 물론 실탄이 장전된 소총과 기관총으로 무장한 시위 진압 전투경찰과 헌병대 복장을 한 특공대원들이 발포 명령만을 기다리고 있었다.

나가노의 연설이 막바지에 이르고 있었다.

"오늘 우리의 이 거사는 정의, 인도, 생존, 번영을 찾는 겨레의 요구이다, 민족의 올바른 의사를 시원스럽게 발표하고 우리의 주장이 공명정당하게 하라!"

나가노의 연설이 끝나자 일본 독립선언문 공동 작성자 33명이 연단에서 좌우로 길을 열었다. 그러자 가운데 세워져 있던 대형 모니터에서 '히노마루' 일장기가 모습을 드러냈다. 이어 일본 전통의상 차림의 천황이 일장기와 디졸브되며 나타나 양손을 번쩍 치켜올리며 외친다.

"닛뽄 반자이!" (일본 만세)

그러자 청중들이 따라 외친다.

"닛뽄 반자이! 텐노 헤이카 반자이!" (일본 만세! 천황 폐하 만세!)

엄숙한 분위기 속에 일본 시민들이 눈물을 흘리며 가슴속에 저며두었던 일장기를 꺼내 휘날리며 만세를 외친다. 신바시가 만세 소리에 떠나갈 듯 하던 그때.

"펑! 펑!"

공중에서 수십 발의 최루탄이 터지며 희뿌연 연기가 청중 사이에 퍼진다.

"두두두두...."

건물 옥상에서 발사되는 기관총 소리가 요란하고 연단에서 만세를 외치던 일본 민족대표 33인 가운데 몇 명이 쓰러진다.

"휙휙!"

호각 소리와 함께 전투경찰과 군 특공대원들이 청중 속으로 뛰어든다.

"닛뽄 반자이!"

"탕탕!" "푹! 푹!"

매캐한 최루탄 연기와 함께 진압부대의 투입에 놀란 시민들이 놀라 달아나는 사이에도 일본 만세를 외치는 이들이 있었고 진압대원들은 그런 이들을 향해 가차 없이 총알 세례를 퍼부었고 저항하는 자들에게는 소총에 장착된 대검으로 무자비하게 찔러 죽였다.

자비라는 것은 없었다. 비무장 상태의 시민들은 독립을 외치다 스러져갔다. 거리는 순식간에 피바다가 되어버렸다. 연단에는 체포조가 투입됐다.

33인 중 28명이 그 자리에서 체포됐다. 나가노 유키오도 예외는 아니었다.

한일합방 이후 10여 년 만에 처음으로 울려 퍼진 대규모 일본 만세운동은 그렇게 무참하게 막을 내리고 말았다

24. 혹독한 고문

2043년 3월 3일

도쿄 스가모 형무소

나가노 유키오의 손과 발은 묵직한 철제 의자에 사슬로 묶여 있었다.

"너희 반정부 세력이 총독부 내에 침투해 있다는 정보를 입수했다. 이름을 대. 누구야?"

"손나노 시라나이" (그런 거 모른다)

총독부 내 프락치 침투라는 건 그저 조작된 미끼였다. 그걸 빌미로 죽음의 고문을 가하기 위해 이감웅이 지어낸 것이었다.

"어서 말을 하란 말이다. 그렇지 않으면 너는 이 방에서 썩어 문드러질 때까지 못 나갈 거야"

이감응이 잔혹한 눈빛과 어조로 나가노 유키오의 귓전에 속삭였다.

"손나노 시라나잇떼바. 오레오코로세!" (그런 거 모른다니까. 날 죽여라)

이감응의 눈짓에 도쿄경찰청 소속 형사 두 명이 셔츠 소매를 걷어올리고는 야구 방망이를 집어 든다. 한 사람은 나가노의 등을 한 사람은 나가노의 무릎 위를 차례로 가격한다.

"악!"

나가노가 비명을 지르고는 정신을 잃자 또 다른 형사가 바가지로 찬물을 끼얹는다. 게슴츠레 눈을 뜬 나가노 앞에는 공포의 형사들이 야구방망이를 쥐고 서 있다. 다시 묵직한 방망이가 나가노의 허리와 무릎 위 허벅지를 강타한다. 금세 피멍이 들고 혈관이 터지는 듯하다.

"나가노! 어서 말을 하라니까. 너의 배후조종자가 누군지, 그리고 총독부에 심어놓은 끄나풀이 누군지 발설하란 말이야"

이감응이 다그쳤지만 나가노는 입을 굳게 다문 채였다.

이번엔 고문기술자들이 야구방망이를 내려놓고는 빨간색 고무로 쌓인 펜치를 들고 나타난다. 한 사람은 나가노의 손을 붙잡고 한 사람은 그 붙잡힌 손의 검지를 펴고는 입 벌린 펜치를 손톱에 끼운다. 서서히 잡아당기자 나가노의 입에서 또다시 비명이 쏟아진다.

"으아!"

오른손 검지 손톱이 빠졌다. 그 손톱이 덮고 있던 자리엔 핏물이 고이고 흐물흐물 누런 피부가 드러났다. 견딜 수 없는 고통이 나가노를 짓눌렀다. 이윽고 한 형사가 나가노의 오른손 중지를 붙잡고 다른 형사는 다시 펜치를 벌렸다가 중지 손톱을 지긋이 끼운다. 그리고는 또다시 서서히 잡아당긴다. 나가노의 비명과 함께 손톱은 미끄러지듯 빠진다. 그렇게 나가노의 열 손가락 열 발가락 손톱 발톱이 모두 빠져버렸다. 악랄한 고문기술자들의 고약한 고문에 기절을 여러 차례 했던 나가노는 이제 고통이 사라진 듯

되레 편안한 표정이다.

이틀 뒤인 3월 5일

팬티만 입은 나가노가 철 의자에 앉혀져 있다. 손톱 발톱이 모두 빠진 흉측한 손발은 의자 팔걸이와 다리에 사슬로 묶인 채.

고문기술자가 속삭인다.

"오이, 오마에노킨따마오나꾸슨다" (이봐, 네 불알을 없앨 거야)

불에 달군 인두가 나가노의 사타구니 사이로 다가간다. 나가노는 머릿속에 노리코의 모습을 떠올렸다.

"아, 노리코. 난 이제 끝이야. 너를 행복하게 해주지 못해 미안하다"

"이제 입을 열 때가 되었는데. 다시 한 번 묻겠다. 너의 배후조종자가 누군지, 총독부에 심어둔 첩자가 누군지 어서 말을 하지 않으면 너는 영원히 고자가 될 것이야"

이감응이 야비한 눈빛을 띤 얼굴로 소리쳤다.

"너희들의 이 야만적 행위는 나중에 역사가 평가할 것이야. 용서 못 할 인권 유린과 폭압적 지배를 역사가 반드시 기록할 것이라고"

나가노는 이를 악문 채 눈을 부릅뜨고 외쳤다.

"으악!"

시뻘겋게 달궈진 인두가 나가노의 고환을 지졌다. 살 타는 연기가 피어올랐고 냄새가 고문실을 진동했다. 나가노의 고환 두 쪽이 뭉개지듯 녹아내리며 연기가 되어 사라지는 순간이었다.

나가노와 함께 붙잡힌 나머지 27명의 독립선언문 공동 작성자들도 고문을 피하지 못했다.

같은 날 스가모 형무소의 다른 고문실.

유사한 고문을 당한 듯 18살밖에 안된 여고생 요코타 케이코의 모습도 만신창이였다. 이미 손톱과 발톱은 빠져 있었고 온몸에 멍 자국이 선명했다. 고문기술자들은 케이코를 알몸으로 만들었다. 그리고는 항아리 안에 가두었다. 찬물을 가득 붓고는 다른 바가지에 든 미꾸라지를 항아리에 들이붓는다. 미꾸라지들이 케이코의 몸속을 파고든다. 그냥 만세를 부른 게 그녀의 죄였다. "일본 만세!" 신바시 앞에서 일장기를 휘날리며 일본 만세!를 외친 게 그녀의 죄였다.

"으아!"

항아리에서는 케이코의 비명소리가 흘러나왔다. 미꾸라지들의 공격에 달아나려 해봐야 달아날 수 없는 케이코의 고통이 항아리 속에서 메아리쳤다. 고문관들은 이어 케이코의 긴 생머리에 약품을 발랐다. 머리가 가죽째 벗겨지는 화학약품이었다. 몇 시간 뒤 케이코의 머릿가죽이 통째로 벗겨졌다. 타들어가는 고통과 함께 케이코는 정신을 잃고 항아리 속에서 쓰러졌다. 미꾸라지들이 그녀의 입이며 콧구멍이며 온갖 구멍으로 들락거리며 이미 숨 쉬지 않는 그녀를 괴롭힌다.

형사들의 이 끔찍하고도 잔인한 고문은 모두 백여 년 전 일본 순사들이 유관순 열사 등 3.1 만세운동을 한 조선인들에게 가한 잔혹한 고문과 다르지 않았다.

잔혹한 고문에도 일본 독립운동 지도자들이 무릎 꿇을 기색을 보이지 않자 이감응은 다른 꾀를 낸다. 회유 작전이었다.

25. 나가노를 회유하라

열 손톱과 열 발톱 모두 뽑히는 고문에 고환까지 불에 지져 없애는 끔찍한 고문에도 나가노는 무릎을 꿇지 않았다. 그의 머릿속에는 오로지 자유와 평등 그리고 일본의 독립과 세계 평화 만이 자리 잡고 있었다. 그것을 얻지 못하는 한 살아 있는 것의 의미가 없다고 그는 생각했다. 생지옥 같은 고문이 있고 열흘 후 이감응이 스가모 형무소를 찾았다.

"이봐 나가노, 몸은 좀 어떤가?"

"..."

나가노는 말이 없었다. 고문의 후유증으로 몸을 가누기 조차 힘들 정도였다.

"내가 자네를 근거 없이 의심하고 말았네. 자네의 배후에 누가 있나 싶었더니 아무도 없더군. 자네가 그 조직의 지도자였어. 그리고 총독부에 끄나

157

풀이 있나 싶었는데 깨끗해"

이감응은 침상에 누워 있는 나가노의 머리맡에 다가가 부드러운 어조로 운을 뗐다.

"자네, 대한민국이 왜 일본과 합방했다고 생각하나?"

이감응은 나가노의 대답도 듣지 않고 말을 이어나갔다.

"그건 말이야, 이 세계의 평화와 미래를 위해서야. 양국이 힘을 합쳐서 한 나라가 되어야 급변하는 국제질서 속에서 아시아의 평화를 유지할 수 있단 말일세. 한국과 일본은 따지고 보면 원래 한 민족, 한 나라와 다름없지 않나. 백제인들과 가야인들이 일본에 건너가 정착했고 천황의 조상과 본인의 몸에도 한반도의 피가 흐르고 있으니 말이야"

"..."

"이봐 나가노, 아시아, 나아가 전 세계의 평화를 위해 자네가 큰 역할을 맡아줘야겠어. 흔쾌히 받아주게나"

나가노는 뚱딴지같은 소리라고 생각하며 이감응의 말을 들으려 하지도 않았다.

"자네가 총독부 내무 대신을 맡아주게"

일본 독립선언문 작성을 주도하고 일본 독립 만세운동을 주도했던 자신에게 총독부 내무대신을 맡으라고? 당시 총독부 내무대신은 오다기리 슌페이가 맡고 있었다. 대표적인 친한파로, 누구보다 총독부에 협력하는 인사였다. 그런 오다기리 슌페이를 내치고 자신을 그 자리에 앉히겠다는 건 돌아선 일본 민심을 어떻게든 되돌려보려고 하는 회유책이 분명했고 이제막 틔우려는 일본 독립운동의 싹을 아예 싹둑 잘라버리겠다는 계산임이틀림없다고 나가노는 생각했다.

"나는 그런 자리에 오를만한 인물이 아니오. 나는 일본이 독립만 된다면 그것으로 만족할 것이오"

나가노는 한 마디로 거절했다. 이감응의 속이 타들어갔다. 그도 그럴 것이 신바시에서 있었던 3.1 일본 만세운동을 무자비하게 진압하면서 일본인들의 감정이 악화될 대로 악화돼 도쿄뿐 아니라 전국에서 만세운동이 벌어질 태세였기 때문이다. 반한감정이 들불처럼 번져 통치에 어려움을 겪게 될 것이 분명했다. 국제사회의 여론도 좋지 않았다. 식민지 국가 시민들의 평화시위를 무력으로 진압한 데 대해 주변국과 강대국들이 비난 성명을 줄이어 내고 있었고 일부 국가는 이 문제를 유엔 인권이사회에 회부하겠다고 선언했다.

"이봐 나가노, 자네를 내무 대신에 앉히려는 것은 자네 한 사람에게 영광을 주려는 게 아닐세, 대한민국 국민으로서 열도 주민들을 하나로 통합하고 미래의 영광을 함께 준비하자는 것이란 말일세. 대통령과 총독 각하의 뜻이니 며칠 더 생각해보고 꼭 받아주시게"

이감응은 나가노를 스가모 형무소 내 특실에 배정하고 삼시세끼 긴자의 초밥 등 고급 요리를 제공할 것을 형무소장에게 특별 주문하고 형무소를 떠났다.

물론 나가노는 이감응의 제안을 수용할 생각이 눈곱만큼도 없었다. 하지만 더 큰 목적을 이루기 위해선 연막작전이 필요했다. 본격적인 무장투쟁을 위해서는 일단 형무소에서 나가는 것이 급선무였기 때문이었다.

이감응이 만나고 싶다는 나가노의 전갈을 받은 것은 그로부터 일주일 뒤였다.

"그래, 생각 좀 해보셨나? 이게 다 열도 주민들을 위한 일이니 맡아주시게"

"노리코를 만나게 해 주시오"

"자네 애인 나가타 노리코 말인가?"

"그렇소"

"만나게 해 주면 내무대신을 맡겠단 말인가?"

"일단 만나게 해 주시오"

"긍정적인 입장 변화로 받아들이고 자네의 요청을 받아들이겠네"

"고맙소"

노리코와의 면회는 사흘 뒤로 잡혔다. 그때까지만 해도 그것이 나가노의 스가모 형무소 탈출로 이어질 줄 이감응은 상상조차 하지 못했다. 한국 조폭 보스 공나석을 제거한 일본 야쿠자 오야붕 야마구치 히데오가 노리코의 독립운동 단체와 손을 잡았다는 사실은 나가노 유키오조차 알지 못하고 있었다.

26. 나가노의 탈옥

나가노 히데오의 연인 나가타 노리코는 보기 드물게 예쁜 몸을 가진 여인이었다. 키가 170cm로 훤칠한 데다 날씬한 다리와 잘록한 허리를 지녔다. 가슴과 골반이 S라인 곡선을 잘 갖추어 어느 사내라도 한 번 그녀를 쳐다보면 눈을 떼지 못할 정도의 몸매를 가졌다. 노리코는 하지만 사내들의 그런 시선이 무척 부담스러웠다. 그래서 늘 펑퍼짐한 바지에 한 사이즈 큰 티셔츠, 유니섹스 점퍼 차림을 즐겼다. 군중 사이에서 도드라져 눈에 띄지 않기 위해 늘 애를 썼다. 하지만 헤어스타일만큼은 신경 썼다. 허리 가까이까지 오는 긴 생머리에 약간의 웨이브를 준 펌 헤어를 유지했고 진한 갈색으로 물들여 가꾸는 것을 좋아했다.

나가노와 노리코는 동경대 사진 동아리 선후배 사이로 만났다. 두 사람이 연인 사이로 발전하게 된 건 동아리 회원들이 가와구치 호수로 출사를 나갔을 때였다.

"나가노 선배, 선배는 왜 맨날 후지산만 찍어요?"

"글쎄, 후지산의 늘 변함없는 늠름함이 좋아서랄까. 후지산은 언제 어디서 보든 항상 장엄하고 위엄 있는 모습으로 그 자리에 우뚝 서있거든"

"난 잘 모르겠는데"

"후지산에 올라가 본 적 있나?"

"아니요. 고고메까지 밖에요"

(고고메: 버스나 승용차로 갈 수 있는 후지산 중턱으로 거기서부터 등산이 시작된다)

"나는 후지산을 오를 때마다 내가 일본인이라는 자각이 더 강해져. 마치 산이 내게 말을 거는 듯한 환청이 들리곤 하거든"

"후지산이 말을 걸어요? 하하"

노리코는 자기도 모르게 웃었지만 심각한 표정의 나가노를 보고 미안한

표정을 지었다

"높이 3776미터, 백두산(2744미터)보다 천 미터 이상 높은 산이야. 일본 최고의 명산이고 우리 일본 민족의 얼이 서린 곳이라고 할까, 언젠가 다시 꿈틀거리며 폭발할지도 모를 에너지를 품고 있는 산이어서 더 매력적이지"

"선배는 민족주의자인가 봐요"

"지금 우리 일본이 한국의 식민지로 전락했지만 한 때는 아시아를 지배했고 중국은 물론 러시아와도 싸워 이겼고 세계 최강대국 미국과 전쟁을 벌였던 강대국이었다고. 그런데 한국이 일본인들의 혼을 다 빼놓고 민족정신을 말살하다시피 해서 과거의 전성시대로 돌아갈 수 없게 되는 작금의 현실이 너무 안타까워 견딜 수가 없어. 그럴 때마다 후지산에 올라 그 속 깊은 곳에서 끓어오르고 있을 용암의 기운, 에너지를 느끼면서 나는 내가 일본인이라는 걸 내 가슴에 새기곤 하거든"

한 번도 그렇게 심각하게 생각해본 일 없던 노리코는 나가노가 읊어대는 이야기에 빨려 들어가기 시작했다.

"아, 이 사람은 보통 사람과는 다른 사람이네" 노리코는 속으로 생각했다.

"노리코는 일본 사람이라는 게 자랑스럽지 않아?"

하늘에서 별똥별 하나가 떨어지는 것을 보며 나가노가 물었다.

"... 글쎄요. 그런 생각 해본 적 없어서. 대한민국 국민이니까 출신이 일본이든 한국이든 상관없잖아요. 지금 대한민국은 경제력이나 군사력이나 문화 영향력으로 보나 세계 5~6위 국가의 위상을 갖고 있으니 대한민국 국민으로 만족하고 있죠"

"민족의 뿌리를 잃어버릴 정도로 총독부의 세뇌공작이 심각했던 거야. 놈들이 일본인들의 혼마저 다 빼버렸다고"

노리코는 나가노의 이야기에 동조하지는 않았지만 뭔가 큰 사람이 될 거란 생각으로 그의 이야기를 경청하면서 서서히 그에게 묘한 끌림을 느꼈다.

"선배, 선배는 나중에 졸업하면 무슨 일을 하고 싶어요?"

"무슨 일을 하든 일본이 하루속히 독립을 되찾는 것에 도움이 되는 일이어야 하겠지. 내가 만일 일본의 식민지가 고착화되는 일에 조금이라도 도움이 되는 일을 하게 된다면 '셉뿌쿠' (할복)를 할 거야"

"무서워요"

노리코는 자신도 모르게 나가노의 품 안에 몸을 던지며 움츠렸다.

"이 배를 가른다고요? 그러지 말아요"

노리코는 나가노의 배를 어루만졌다.

"나가노는 오른 팔로 품에 들어온 노리코를 지긋이 감싸 안았다. 그리고는 손을 노리코의 이마에 얹었다.

"내가 상처 입은 노리코의 혼을 치유해주지"

오른손으로 노리코의 이마를 지그시 누르며 왼손으로는 노리코의 왼쪽 볼을 어루만졌다. 후지산이 바라다 보이는 가와구치 호수의 하늘엔 유난히 밝은 별들이 쏟아질 듯 춤추고 있었다. 술자리가 끝나고 다들 숙소로 돌아간 뒤여서 두 사람 만의 공간이었다. 그 어둠 그 별빛 아래서 가볍게 밀착한 나가노와 노리코의 몸은 서서히 뜨거워지기 시작했다. 누가 먼저랄 것도 없이 두 사람은 눈을 꼭 감고 입을 맞췄다. 노리코의 왼쪽 뺨을 어루만지던 나가노의 왼손은 노리코의 목선을 타고 아래로 흘러내렸다. 그녀의 터질 듯한 오른쪽 가슴이 나가노의 손끝에 짜릿하게 느껴졌다. 노리코의 왼손은 나가노의 허리를 감쌌고 나가노의 배를 어루만지던 그녀의 오른손이 무릎으로 옮겨지더니 사타구니로 향했다. 차가운 밤공기가 두 사람을 휘감았지만 두 사람의 사랑을 멈추게 할 수는 없었다. 그렇게 그날 밤 후지산 자락 별빛 아래서 연인이 탄생했고 사랑이 시작했다.

스가모 감옥에 면회를 온 노리코의 모습은 그날 밤처럼 아름답고 섹시했다. 평상시 그녀의 모습이 아니었다. 거의 팬티가 보일 듯 말 듯 짧고, 애플힙 윤곽이 그대로 드러나는 미니스커트에 검은 망사 스타킹, 12cm나 되는 하이힐을 신었으니 안 그래도 긴 다리가 훨씬 길어 보였다. 흰색 씨쓰루 블라우스 속으로는 핑크빛 브래지어가 훤히 비치고 보일락 말락 풍만한 가슴골이 드러나는 옷차림이 간수들의 눈길을 사로잡았다. 노리코를 만나게 해 달라는 나가노 유키오의 요청을 이감응이 들어줬던 것은 나가노가 곧 총독부 내무대신을 맡아달라는 자신의 제안을 받아들일 걸로 기대했기 때문이었다.

나가타 노리코가 스가모 형무소 특별 면회소에 들어서자 기다리고 있던 나가노 유키오가 그녀의 섹시한 모습에 입을 다물지 못한다.

"선배, 놀란 표정 짓지 마"

노리코가 간수가 듣지 못하도록 낮은 목소리로 나가노에게 말했다.

"잠시 후에 구출작전이 개시될 거야. 곧 여기를 나가게 될 거라고. 선배는 일본 독립운동 지도자니까"

그리고는 가슴속 브래지에서 뭔가를 꺼내 손에 움켜쥐고는 아무도 눈치 채지 못하게 나가노의 두 손을 잡는다.

"이걸 간수 모르게 입에 삼켜"

노리코의 속삭임에 나가노가 눈으로 답한다.

"으악!" 돌연 노리코가 비명을 지르더니 간수를 향해 외친다.

"이봐요. 구급차를 불러줘요. 이 사람이 위험해요"

간수가 면회실 문을 열고 들어선 순간 나가노가 쓰러진 채 입에 거품을 물고 떨고 있다.

"이 사람, 간질이 도진 것 같아요. 3년 전에 도 이런 일이 있었는데, 빨리 응급치료받지 않으면 목숨이 위험하다고요"

나가노가 간질 증세를 보인 건 노리코가 건넨 약 때문이었다.

워낙 사실 같은 증세를 보인지라 놀란 간수들이 119에 전화했고 형무소 장이 달려왔다.

"이 사람이 내무 대신을 수락했다는데, 이 교도소에서 관리를 못해 잘못되 기라도 한다면 당신이 책임져야 할 거예요. 어서 병원으로 옮기지 않고 뭐 하는 거예요?"

노리코의 고함 소리에 놀란 형무소장이 곧바로 "병원으로 옮겨"라고 부하 직원에게 지시한다.

간수 두 명이 곧바로 들것을 가져와 거품을 물며 사시나무 떨 듯 떠는 나 가노를 데리고 나간다. 형무소 정문 안쪽에는 이미 구급차가 도착해 있다. 노리코는 나가노와 함께 구급차 뒷칸에 타고 요란한 "삐요 삐요"소리와 함 께 스가모 형무소 정문을 빠져나간다.

나가노의 탈옥 작전이 성공하는 순간이었다.

나가노와 노리코가 탄 구급차는 노리코의 요청으로 일본 독립단이 사전에 준비했던 것. 간수가 전화했던 119 전화도 도청하던 독립단원이 119인

것처럼 인터셉트해 받았던 것이다.

나가노와 노리코를 태운 구급차는 일본 독립단 비밀 아지트가 있는 요코하마로 유유히 내달렸다. 일본 야쿠자 오야붕 야마구치 히데오가 기다리는 곳으로.

이제 일본 독립단은 본격적인 무장투쟁의 길에 들어설 채비를 갖추고 있었다.

27. 일본 독립을 위한 무장투쟁의 길로

스가모 형무소를 출발한 구급차는 수도고속도로 위를 달리는 동안 대형 트럭에 올라탄다. 트럭에는 나가노 유키오의 절친이자 동지인 이철훈이 기다리고 있었다.

"고생 많았네, 친구"

나가노와 노리코는 이철훈이 미리 대기시켜 놓았던 벤츠 SUV 차량에 옮겨 타고 다시 트럭을 빠져나와 도로를 달린다. 한 시간 반 가량 달려 도착한 곳은 요코하마 차이나타운 내 일본 독립단 아지트였다. 번화가 골목길 안쪽 녹슨 문을 열고 지하로 내려가니 마치 군부대의 지하벙커 사령부처럼 꾸며져 있었다.

"언제 이런 곳을 만들었어?"

놀란 표정으로 묻는 나가노에게 이철훈은 답했다.

"자네가 체포된 직후에 노리코와 함께 구출작전을 세울 곳이 필요해서 내 지인의 사무실을 빌린 거야.

"그나저나 좀 이따 중요한 손님이 올 거야"

"손님?"

"새로운 동지예요"

노리코가 테이블에 엉덩이를 걸치며 거들었다.

"도대체 누군데?"

"이따 보면 알 거야"

"띵똥!"

"호랑이도 제 말하면 온다더니 왔군"

문을 열고 들어선 건 야마구치 히데오였다. 다부진 체격에 검게 그을린 얼굴, 강인한 인상. 손가락 두 개가 없고 용 문신이 온몸에 새겨진 야마구치 히데오. 일본 열도 지하세계를 통치했던 실력자. 나가노는 예전 부도칸에서 한국 조폭 두목 공나석과 결투를 벌였던 야마구치의 모습을 떠올렸다. 10여 년이 흘러 나이가 지긋이 들어 보였지만 역시 보통 사람과는 다른 위엄과 살기가 느껴지는 인상이었다.

"자네가 독립군을 조직한다고?"

야마구치가 중절모를 테이블에 내려놓으며 나가노에게 손을 내민다.

"나도 끼워주게. 이 야마구치 히데오가 개과천선해서 이제 국가와 민족을 위해 싸울 수 있도록 해주게나"

나가노가 감옥에서 지독한 고문에 시달리고 또 회유당하는 동안 이철훈과 노리코는 일본 독립군 조직에 나서고 있었다. 어떻게 들었는지 소문을 들은 야마구치가 두 사람을 찾아서 합류 의사를 밝혔던 것. 나가노는 중대한 의사결정을 해야 한다. 비폭력 독립운동을 지속할 것인가, 독립을 위한 무장투쟁으로 노선을 전환할 것인가? 전자를 택하자니 희생이 너무 클 뿐아니라 기나긴 시간이 걸릴 것 같았다. 그렇다고 후자를 택하자니 이미 일본인들의 혼을 빼놓은 총독부의 집요한 세뇌공작 때문에 무장 독립투쟁조직을 구성할 엄두가 나지 않았다. 그때 문득 한 얼굴이 나가노의 머릿속에 번뜩이며 떠올랐다.

"그래, 아키야마 막료장!, 그분이라면 나서 주실 거야"

내민 손을 잡지도 않고 혼잣말처럼 외치는 나가노에게 야마구치가 외친다.

"뭐라는 거야? 나와 함께 손을 잡겠다는 건가, 안 잡겠다는 건가?"

"앗, 죄송합니다. 당연히 함께 손잡고 독립투쟁을 펼쳐야죠. 아키야마 스케베상 아시죠? 전에 자위대 통합 막료장 지냈던 분. 전쟁 후에 포로수용소에 갇혔다가 전범으로 5년형을 살고 나오신 뒤에 자위대 조직 재건을 준비하고 있다고 들었습니다. 그분을 모셔오면 우리는 무장 독립투쟁을 본격화할 수 있을 것 같아요. 전에 한 모임에서 그분을 뵌 적이 있는데, 저와 통하는 게 있었거든요. 말씀드리면 흔쾌히 받아주실 겁니다. 분명히. 어때요? 여러분. 그분과 함께 합시다!"

나가노가 뛸 듯 기쁜 표정으로 제안하자 모두들 반겼다.

공나석을 해치운 후 나석이 파 잔당과 경찰에 쫓겨왔던 야마구치 히데오는 꼬붕들을 하나둘씩 다시 모아 조직을 재건하기 시작했다. 어차피 한국의 지배가 계속되는 동안 일본 야쿠자가 설 땅은 없다고 판단했다. 재건하는 조직을 일본 독립운동에 합류시켜 나라부터 구해야 야쿠자도 살길이 생길 것이라고 야마구치는 생각했다. 배운 건 없고 폭력으로만 살아왔지만 조국 잃은 설움은 그 누구보다 절실하게 느끼는 게 야쿠자들이었다. 나석이 파의 꼬붕으로만 지내다 갈 수는 없는 노릇이었다. 자위대 통합 막료장을 지낸 인물과 함께 하게 되다니 야마구치의 가슴도 뛰기 시작했다.

나가노 유키오와 나가타 노리코, 이철훈 그리고 야마구치 히데오 네 사람 모두 아키야마 스케베와 합류할 날을 손꼽아 기다렸다.

28. 대한민국 육군 첨단 무기창고를 습격하라!

기대는 빗나가지 않았다. 아키야마 스케베 전 자위대 통합 막료장이 일본 독립군 사령관을 맡아주기로 했다. 아키야마 사령관은 옛 부하들을 불러 모으기 시작했다. 그와 그의 충성스러운 부하들은 와해됐던 일본 자위대를 복원한다는 일념 아래 움직였다. 요코하마 차이나타운 비밀 아지트는 점차 독립군 간부들로 붐비기 시작했다. 천장과 벽면에는 일장기와 대형 욱일기가 걸렸다. 천황의 사진 액자도 빠지지 않았다. 회의는 언제나 일장기에 대한 경례와 기미가요 제창으로 시작했다.

"君が代は 기미가요와

千代に八千代に 치요니야치요니

細石の 사자레이시노

巌なりて이와오토나리테

苔の生すまで 고케노무스마데"

"임금의 치세는

천 대에 팔천 대에

작은 조약돌이

큰 바위가 되어서

이끼가 낄 때까지"

회의를 마칠 때는 천황 사진을 바라보며 만세를 외쳤다.

"텐노 헤이카 반자이!"

(천황 폐하 만세!)

무장독립군의 첫 작전은 대한민국 육군 5613부대 첨단 무기창고 습격작
전으로 정해졌다. D데이는 5월 1일 천황 즉위일. 작전명은 '키쯔네' 여우
라는 뜻의 일본어였다. 5613부대는 첨단 무기를 개발 생산하고 사용법을
훈련시키는 부대였다. 부대 내 특별 창고에는 새로 개발된 첨단무기들로
가득했다. 그 첨단 무기 가운데는 이미 대중들에게도 잘 알려진 유명한 '

폭스 24' 레이저 소총도 포함돼 있었다. 작전명 '키쯔네'는 바로 이 폭스 24를 대량 탈취하기 위한 목적에서 부여된 것이었다. 폭스 24는 별도의 탄알과 탄창 없이 레이저로 인명을 살상하는 최첨단 소총이었다. 배터리만 충전돼 있으면 무제한 발사되며 직경 10cm의 철도 뚫어버리는 매우 강력한 무기였다. 더구나 레이저가 직선으로만 발사되는 것이 아니라 목표물을 정해 겨누고 경로를 별도로 지정하면 레이저가 경로대로 발사된다. 방아쇠를 당기면 레이저가 정해진 경로를 따라 목표물을 맞추고 방향을 꺾으면서 다른 목표물로 향하는 기능을 갖고 있어서 소수의 비밀 침투 작전에 매우 큰 효능을 발휘할 수 있는 소총이었다.

옛 요코스카 미군기지에 자리 잡은 5613부대의 최첨단 무기 창고에 대한 경계는 늘 삼엄했다. 이것을 뚫기 위해서는 사전 작전이 필요했다.

침투 작전 개시 30분 전.

부내 내 장교 클럽에 섹시한 미녀가 모습을 드리낸다. 엉덩이를 씰룩거리며 들어서는 그녀에게 장교들의 시선이 쏠리는데, 옆이 허리까지 터진 긴 치마 사이로 드러난 길쭉한 각선미에 휘파람 소리가 터져 나온다. 윤기 나는 긴 머리가 등허리 맨살을 가릴락 말락, 브이자로 패인 가슴골 아래로는 금방이라도 탐스런 젖무덤이 쏟아질 듯하다. 길쭉한 속눈썹에 짙은 마스카라, 빨간 립스틱을 촉촉이 바른 미모의 주인공은 노리코였다. 170cm 의 장신, 금방이라도 모두 벗어던질 듯한 표정의 노리코가 클럽 바로 향하는 사이 장교들은 넋이 나간 듯 침을 흘린다.

파친코를 하던 소령, 다트를 던지던 대위, 바에 앉아 위스키를 마시던 중령, 클럽에 있던 모든 사내 장교들의 시선이 노리코의 가슴과 허벅지에 쏠리는 순간, 바 테이블에 앉은 노리코가 샤넬 백에서 담배를 꺼내 문다. 옆에 있던 잘 생긴 소령 하나가 기회를 놓칠세라 라이터를 켜고는 노리코의 담배 끝에 들이댄다.

"땡큐, 소령님!"

"유어 웰컴, 미스...?"

"노리코예요. 나가타 노리코"

"이런 미인은 난생처음입니다. 영광입니다. 노리코 양"

"과찬의 말씀. 제가 사실 오늘 위문 공연을 왔어요. 세계 평화를 위해 불철주야 애쓰시는 우리 국군장병들을 위해 제 쇼를 준비했거든요"

장교는 눈이 휘둥그레져 외쳤다.

"정말요? 어떤 쇼를?"

그때 나비넥타이 차림의 바텐더가 클럽 내 청중들을 향해 마이크를 들고 외쳤다.

"여러분, 오늘 저녁 아주 특별한 게스트를 모셨습니다. 섹시 스타 나가타 노리코 양을 여러분께 소개합니다. 오늘 함께 자리 한 노리코 양은 요코하마 최고의 섹시 댄서로, 오늘 밤 여러분을 황홀한 세계로 안내할 겁니다. 박수로 맞이해 주세요"

음악과 함께 노리코가 무대에 올랐다.

노리코는 무대 중앙에 세워진 봉을 잡고 오르내리며 봉댄스를 선보였다.

다리를 들어 올리는 순간 그녀의 음부가 보일락 말락, 고개를 숙이는 순간 그녀의 풍만한 가슴이 출렁였고 젖꼭지가 고개를 내밀듯 말 듯 5613부대 장교들의 마음을 흔들어댔고 말초신경을 자극했다.

음악은 잔잔한 발라드에서 댄스곡으로 바뀌고 노리코가 원피스의 왼쪽 어깨끈을 내린다. 왼손으로 가슴 양쪽을 가리고 오른손으로는 원피스 오른쪽 어깨끈을 내린다. 원피스는 그녀의 가느다란 허리로 미끄러지고 애플힙에 걸친다. 노리코가 엉덩이를 좌우로 흔들자 원피스가 미끄러지듯 무대바닥으로 흘러내린다. 오른손으로 급하게 음부를 가리는 노리코.

간간히 창밖을 쳐다보는 그녀의 눈빛에 섹시함과 더불어 긴장감이 돈다. 클럽 밖 위병소 근무 병사들의 시선도 모두 노리코에게 쏠렸다. 10미터 높이 초소 경비병들은 망원경으로 노리코의 알몸을 감상한다.

작전 키쯔네는 그 순간 시작됐다.

2백여 명으로 구성된 독립군 특수부대원들이 노리코의 알몸 춤에 넋이 나간 경계병들을 단도 공격으로 해치우고 클럽 외곽을 장악한다. 이어 나비넥타이 바텐더로 위장한 독립 단원이 수면가스를 터뜨린다. 넋을 잃고 노리코의 스트립댄스를 감상하던 클럽 내 장교들이 하나둘 쓰러진다. 숨을

참은 채 춤을 추던 노리코는 바텐더가 건넨 방독면을 서둘러 쓰고 옷을 주
섬 주섬 입는다. 클럽 장교들을 피 한 방울 흘리지 않고 쓰러트린 독립군
대원들은 곧장 최첨단 무기 창고를 향해 진격, 경계병 몇 명을 처치하고
폭스 24를 비롯한 최첨단 무기 탈취에 성공한다.

작전은 대성공, 폭스 24 2천 정과 전파교란기 10세트, 빌딩 폭파에 사용
하는 고성능 폭약 2백 kg, 요인 암살용 위장 독약 등 다량의 무기를 획득
한 독립군 특수부대원들은 준비해둔 트럭에 나눠 타고 유유히 부대를 빠
져나간다.

다음 목표는 총독부가 될 터였다.

29. 총독을 암살해야 하는 이유

요코하마 차이나타운 비밀 아지트로 복귀한 독립군 지도부는 술잔을 높이 추켜올렸다.

"아키야마 사령관님의 지휘로 이번 작전이 대성공을 거뒀습니다. 진심으로 감사드립니다"

나가노가 예를 갖추며 감사의 뜻을 표하자 아키야마 스케베 독립군 사령관이 오른손을 들어 가로저으며 받았다.

"모두 노리코 양의 미인계 덕분이오. 한국군 놈들의 혼을 빼놨던 노리코 양이 없었더라면 성공하지 못했을 것이오"

"하하..."

모두들 박장대소했다.

"별말씀을요, 저는 그저 춤을 춘 것 밖에 없는데..."

노리코가 겸연쩍다는 듯 몸을 낮추었다.

"그나저나 다음 작전은 어디를 목표물로 할 생각이오?"

아키야마 사령관이 나가노의 얼굴을 쳐다보며 물었다.

"첨단 무기를 획득했으니 심장을 겨눠야겠죠. 총독의 목을 따야 하지 않겠습니까? 일본 민족의 철천지 원수. 이지국 총독"

순간 작전실 분위기가 숙연해졌다.

시간은 거슬러올라 2035년 4월.

이지국 총독은 천황을 협박해 한일합방 조약서에 옥새를 찍게 한 뒤 일본 문화 말살과 일본 역사 지우기에 온 힘을 쏟았다. 학교에서 사용하는 국사 (일본 역사) 교과서는 모두 한국사 교과서로 바꾸었다. 한국사 교과서 내에 일부 일본의 역사를 담았는데, '교토 일본부'를 비롯해 급히 조작한 내용을 넣었다. '교토 일본부'란 369년 백제 13대 왕인 근초고왕이 왜를 침략해 수백 년 간 다스렸다는 이야기다. 처음에는 왜와 국교를 맺고 왜왕에게 칠지도와 칠자경을 하사하며 우호관계를 맺었으나 왜왕이 조공을 제때 바치지 않자 군사를 보내 규슈 일대와 교토, 나라 일대까지 점령하고 수백 년간 통치를 했다는 내용이다. 당시 일본은 문자도 없는 미개한 국가였으며 그때 이후로 왜왕에 백제 왕족의 피가 흐르기 시작했고 실제로 현재의 일본 천황은 뿌리가 백제라는 내용도 곁들였다.

더 재미난 것은 대마도가 조선 초기부터 한국 영토였으며 일본이 19세기 말부터 불법 지배했다는 내용도 크게 부각했다는 점이었다. 새로 공급된 한국사 교과서에는 이렇게 기술되어 있다.

"1419년 조선 태종의 명을 받은 이종무 장군이 군함 227척과 병사 1만7천 명을 거느리고 대마도 정벌에 나섰다. 이종무 장군은 대마도 영주에게 항복을 권하였으나 대답이 없자 왜구를 수색하여 1백여 명을 참수하고 2천여 호의 가옥을 불태웠다. 그리고는 왜구가 붙잡고 있던 조선인과 명나라인들을 대거 구출했다. 이후 조선은 대마도를 조선에 편입해 조선의 영토임을 선언하며 이 사실을 왜의 막부에 통보했다. 당시 왜왕은 이를 수용하며 일본 본토에서 조선에 조공을 재개하겠다는 문서를 조선에 보내왔다. 이후 조선은 이미 대마도에 거주하던 일본인들에게 영주권을 부여하고 조선 말기까지 지배해왔으나 일본이 군국주의로 돌아서면서 영유권을 주장하기 시작했다. 이처럼 대마도는 지리적으로나 역사적으로나 한국 영토였으나 일본이 불법 점거를 함으로써 한때 갈등이 빚어지기도 했다"

한국의 일본 식민지배를 정당화하기 위한 총독부의 노력은 집요했다. 한일 어용학자들을 동원한 역사 왜곡은 이후로도 꾸준히 진행됐다. 뿐만 아니라 이름을 한국식으로 바꾸는 이들에 대한 우대정책을 실시해 현대판 창씨개명을 촉진하려 했다. 성과 이름을 바꾸지 않는 자에게는 공무원 시험에 응시할 자격을 제한했다. 학교에서도 창씨개명을 권유하는 공지가 매주 각 가정으로 배달됐고 응하지 않는 학생들에게는 눈에 보이는, 보이지 않는 불이익이 가해졌다. 창씨개명률이 낮은 담임교사는 낮은 평가가 내려지고 교사 지위를 박탈하는 사례가 빈발하면서 창씨개명률은 차츰 50%를 넘었다. 성과 이름을 바꿀 것을 강요하는 데 대한 불만도 커져갔지만 창씨개명은 한국과 일본은 같은 역사와 뿌리를 가진 민족으로, 동질성을 강조하면서 창씨개명을 할 경우 차별적 대우가 없으며 한국의 일본 식민지가 정당하다는 의식을 심어주기 위한 조치였다.

다시 2043년 5월

일본의 혼을 빼앗으려고 온갖 만행을 저질러온 원흉 이지국 총독은 일본
독립군의 암살 대상 1호였다.

30. 뉴오타니 호텔 접수 작전

작전 수립 전 무기 점검이 이뤄졌다.

전파교란기 10세트,

폭스 24 2천 정,

빌딩 폭파용 고성능 폭약 2백 kg,

요인 암살용 위장 독약.

요코스카 5613부대 첨단 무기고에서 탈취한 무기는 요코하마 차이나타운 비밀 아지트 내 별도 창고에 잘 보관되어 있었다. 5613 부대 습격은 노리코의 미인계와 소수 특공대원의 침투로 성공했지만 총독부는 환경 자체가 달랐다.

그 사건 이후 총독부 경계가 물 샐 틈 없이 강화되었다. 경찰 병력은 3배로 증강 배치돼 총독부 반경 1km 지점부터 3중으로 검문소가 설치돼 검문검색이 펼쳐졌다. 총독부 정문 앞에는 탱크 부대가, 총독부 건물 옥상에는 헬기부대가 상주하고 있었다. 첨단 무기로 무장한 일본 독립군이 국가 주요 시설과 정부 요인을 암살할 가능성에 대비한 조치였다.

"총독부를 습격한다는 건 자살행위나 다름없소"

아키야마 사령관이 힘주어 말했다.

"우리 병력으로 총독부의 3중 경계망을 뚫고 총독 집무실까지 들어간다는 건 불가능하단 말이오"

"꼭 총독부를 들어가야 총독을 죽일 수 있는 건 아니잖습니까?"

나가노가 툭 던지듯 말했다.

"그럼?"

노리코가 끼어들었다.

"총독의 아들 결혼식이 곧 뉴오타니 호텔에서 열린다는 정보가 있습니다"

"아하~ 결혼식장도 군경의 경계와 총독 개인 경호가 강화되겠지만 총독부보다는 덜할 것이다?"

"그렇지. 사전에 침투해서 결혼식장에 폭약을 설치할 수만 있다면"

나가노와 노리코의 주고받는 대화에 아키야마 사령관이 무릎을 쳤다.

"내 예전 부관이 뉴오타니 호텔 매니저로 있으니 그 친구의 도움을 받는다면 가능한 일이겠군"

"정말입니까? 잘됐군요. 그럼 우리 작전을 짜보죠"

이지국 총독의 아들과 친한파 오다기리 슌페이 내무대신 딸의 결혼식은 6월 7일로 예정되어 있었다.

노리코는 결혼식 3주일 전 아키야마 사령관의 옛 부관인 뉴오타니 호텔 연회담당 매니저의 도움으로 호텔 직원으로 위장 취업했다. 결혼식장의 구조와 신랑 신부, 신랑 아버지인 이지국 총독의 동선을 파악하고 폭약을 설치하는 게 그녀의 임무였다. 언제나 위험한 임무였지만 노리코는 주저하지 않고 나섰다.

결혼식 발표가 나고부터는 뉴오타니 호텔에 경호팀이 들어왔다. 다행히 노리코의 위장취업 이후였기에 노리코는 특별히 의심받지 않았다. 경호팀은 호텔 내 주요 지점에 병력을 배치해 경계를 펼치기 시작했다. 결혼식장은 물론 주방과 신랑 신부 대기실 등에 대한 사전 검색도 철저하게 이뤄졌다. 금속탐지기를 설치해 호텔을 드나드는 손님들의 무기 소지 여부를 살폈고 의심스러운 사람에 대해서는 가방도 샅샅이 수색하는 일도 있었다. 원칙적으로 직원들도 예외는 아니었다.

하지만 노리코에게는 천운이 따랐다. 경호대장 이상혁이 동경대 친구였던 것이다.

"아니 이게 누구야? 노리코 아냐?"

"어머, 상혁이? 정말 오랜만이다"

"노리코 엄청 예뻐졌는데. 이런 섹시 미인인 줄 몰랐었어. 하하"

"너도 멋쟁이로 변신했는 걸. 그 선글라스 잘 어울린다. 경호팀이야?"

"어, 대학 졸업 후에 총독부 경호실에 들어갔어. 내가 운동 좀 했잖아"

체육과 출신의 이상혁은 태권도와 유도를 합쳐 10단이었다.

"근데, 너 여기서 일하니?"

"어. 연회장 매니저야. 다른 일 하다가 때려치우고"

"너 같은 수재가, 앗 미안. 암튼 반갑다. 이렇게 만난 깃도 인연인데 이따 저녁에 술 한잔 할까?"

"어? 어, 그래 좋지"

노리코의 섹시한 몸매와 살인미소는 경호팀장 이상혁을 유혹하기에 충분했다. 그날 저녁 아카사카 영국 펍에서 기니스를 마시며 대학 때 이야기꽃을 피울 때도 이상혁의 눈길이 이따금씩 노리코의 풍만한 가슴으로 향했다. 그녀가 긴 웨이브 머리를 쓸어 넘길 때마다 드러나는 목덜미도 섹시하게 느껴졌다.

"어, 상혁아. 나 좀 취했나 봐. 어지럽네"

"그래? 이제 그만 마셔야겠다. 집이 어디니? 데려다줄게"

"아니, 오늘은 호텔 숙소에서 자야겠어"

"그래? 나도 호텔에 방 잡아놓고 지내는데"

"그랬어? 잘됐네. 같이 가자. 내 방에서 커피 한잔 하고 가"

"그래도 돼?"

두 사람은 아카사카 히또츠키도오리 (아사카사미쯔께 역 인근 거리 이름) 의 영국 펍에서 뉴오타니 호텔로 향해 걸었다. 노리코가 이상혁의 팔짱을 낀 채.

그렇게 노리코는 이상혁에게 호감을 표시하는 듯하며 그날부터 경호팀의 몸수색 대상 예외 조치를 받았다. 그날 이후 작전을 위한 사전 작업이 시 작됐다. 하루는 작전에 필요한 전파교란기를 반입했고 하루는 고성능 폭 약, 하루는 폭스 24.

최첨단 소총인 폭스 24는 사이즈가 커 첼로 케이스에 담았다. 결혼식에 연주될 첼로가 담긴 것이라며 살인미소를 지으면 무사통과였다.

소총 수가 모자랐지만 준비는 갖추어졌다. 이제 결혼식 당일 거사를 치를 일만 남았다.

31. 총독을 저격하라

6월 7일 결혼식 날이 밝았다.

작전대로 일본 야쿠자 야마구치구미 일당이 하객으로 위장해 다른 하객들과 함께 식장에 투입됐다. 식장 곳곳에 퍼져 만일의 사태에 대비하는 경호원들을 제압하는 것이 야쿠자들의 임무였다. 몸집이 날렵하고 보이는 곳에 문신이 없는 야쿠자들로 엄선했다. 물론 독립군 특수요원들도 투입됐다. 일부는 하객으로 일부는 웨이터 웨이트리스로 위장했다. 노리코는 당일 새벽 식장 무대 뒤편에 폭발물을 설치했다. 고성능 폭약이라 식장 전체가 날아갈 정도의 위력이 큰 폭약이었다. 총독은 물론 신랑 신부와 하객모두 한꺼번에 죽이는 것이 목적이었다. 하객 대부분이 정부 인사와 친한파 인사일 것이기 때문이었다. 마지막으로 전파교란기를 주방 선반 아래에 설치했다. 경호팀이 사용하는 전파를 교란해 그들 간의 통신을 두절시킴으로써 거사 후 도주를 용이하게 하기 위한 목적이었다.

드디어 팡파르가 울렸다. 웨딩 곡이 울려 퍼지는 가운데 신랑이 힘차게 행진을 했다. 식장에는 야쿠자 12명, 독립군 특수요원 10명이 있었고 독립군 대장 나가노도 있었다. 얼굴이 알려져 있는 나가노는 특수 가면으로 위장하고 있었다. 총독이 죽는 걸 제 눈으로 보고자 직접 현장에 모습을 드러낸 것이었다. 총독 경호팀도 20여 명 곳곳에 배치됐다. 이상혁의 눈빛

도 초롱초롱했다. 경호원들은 모두 가슴에 권총을 차고 있었고 한쪽 귀에
는 무전용 인이어를 착용했다. 신랑 입장에 이어 신부가 입장했다. 식장
앞쪽에는 신랑 신부의 부모가 자리했다. 이지국 총독도 그 자리에 있었다.

시간은 12시 19분을 향해 가고 있었다. 노리코가 세팅한 타이머 12시 20
분이 이제 1분 앞으로 다가오고 있었다.

"째깍째깍"

이지국 총독은 하객들에게 감사의 인사를 하기 위해 연단에 올랐다.

노리코가 폭발 1분 전, 이지국 총독의 모습을 확인하고 식장을 빠져나가
려는 순간

"노리코! 이 아름다운 결혼식을 함께 축하해줘야지"

이상혁이 노리코의 손을 꼭 잡았다.

노리코의 마음이 급해졌다. 이제 50초만 있으면 식장은 굉음과 함께 무너

질 터였다. 다른 야쿠자들과 독립군도 하나둘씩 식장을 빠져나가고 있었지만 식장에서 로비를 연결하는 문은 굳게 닫혔고 경호팀원들이 통제하고 있었다. 이러다간 모두 죽을 판이었다. 고성능 폭약에 식장이 천장째 무너지면 살아남을 사람은 한 명도 없을 터였다.

"아, 그래야지. 근데 하객들 식사 점검하러 주방에 좀 다녀와야 하는데"

"그건 좀 이따 챙겨도 되잖아. 지금 총독께서 말씀하시는데 얌전하게 들어야지"

낌새가 이상했다. 노리코의 손목을 쥔 이상혁의 악력이 점점 커져갔다. 초침은 점차 12시 20분을 향해가고 노리코의 맥박이 빨라졌다. 식장에서 벗어나려는 야쿠자와 독립군 요원들도 당황해했다. 굳게 닫힌 문 앞을 지키는 경호팀의 벽에 가로막혀 도저히 탈출할 수가 없었다. 노리코의 시계는 12시 19분 59초에서 20분 0초로 넘어가고 있었다. 노리코가 눈을 질끈 감았다.

그런데 폭약은 터지지 않았다.

"왜, 놀랐어? 터지지 않아서?"

이상혁이 노리코의 귀에 낮은 목소리로 말했다.

경호팀은 노리코가 그날 새벽 폭발물을 연단 뒤에 설치한 사실을 알아차
렸고 타이머 세팅한 이후 이를 해제했던 것이다. 노리코의 폭약 설치 장면
이 고스란히 비밀 CCTV에 찍혔고 이를 탐지한 경호원이 이상혁에게 보
고했던 것이다. 총독 아들 결혼식장 폭파 작전이 실패하는 순간이었다.

"노리코, 네 정체가 이제 드러났어. 설마 했더니..."

이상혁이 노리코에게 수갑을 채우려는 순간이었다.

"땅!"

야마구치구미 소속 야쿠자 한 명이 경호팀원의 권총을 빼앗아 쏜 것이다.
그때부터 야쿠자 독립군과 경호팀 간의 전투가 시작된다.

"탕! 탕!"

노리코는 이상혁을 손을 뿌리치고 연단을 향해 달려가고 총소리가 고막을 찢을 듯 울려대는 가운데 식장은 아수라장으로 변한다. 천여 명의 하객들은 혼비백산 흩어져 달아나며 아우성치고 야쿠자들은 웃통을 벗어던진 채 맨손으로 경호원들과의 육박전을 치른다. 권총으로 무장한 경호원들이 총을 쏘아대지만 하객으로 위장한 독립군 특수부대원들이 경호원들의 목을 조르고 뒤돌려차기로 쓰러트리며 권총을 빼앗아 죽고 죽이는 전투가 계속된다.

굳게 닫혔던 메인 게이트가 열리더니 폭스 24 소총으로 무장한 독립군 지원부대가 합류한다. 독립군의 무차별 사격에 경호팀은 물론 총독부 간부들과 친한파로 구성된 하객들이 하나둘씩 쓰러진다. 폭약 불발에 대비한 2차 작전이 기다리고 있었던 것이다.

공포에 빠진 이지국 총독이 어쩔 줄 몰라하는 사이 이상혁이 잽싸게 다가가 다른 하객들과 함께 옆문으로 빠져나간다. 이를 본 나가노와 노리코가 두 사람을 쫓는다. 3층 식장에서 2층으로 내려가는 비상계단에서 마주친

네 사람.

노리코는 치마 속 허벅지에 감춰뒀던 소형 데린저 권총을 꺼내 총독의 가슴을 겨눴다. 동시에 이상혁의 M35 권총은 노리코의 이마를 겨냥했다. 그때 나타난 나가노 유키오가 가면을 찢어 벗어던진다.

"일본 민족의 이름으로 당신을 처형하겠소"

나가노가 총독을 향해 방아쇠를 당기려는 순간 이상혁이 총구를 노리코에서 나가노 쪽으로 옮기는데, 노리코는 나가노 앞을 가로막는다.

"탕!"

이상혁이 쏜 탄환이 노리코의 가슴을 뚫고 나가노의 어깨에 박힌다. 노리코의 가슴과 등에서는 굵은 핏줄기가 콸콸 흐른다.

나가노는 "노리코!"를 외쳐보지만 그녀는 답이 없다. 이어 나가노의 권총이 불을 뿜고 이상혁이 고꾸라진다. 총독은 뒷걸음질 치며 계단 아래로 달아난다. 나가노가 정신을 차리고 방아쇠를 당긴다. 탄환은 총독의 허벅지에 꽂힌다. 이지국 총독의 몸이 데굴데굴 계단 아래로 구른다.

총독 암살 작전은 실패하고 노리코를 잃은 나가노는 슬픔과 분노를 삭이지 못한다.

총독부는 본격적인 독립군 체포작전에 돌입하고 독립군은 지하로 들어가 산발적 무장투쟁을 계속하는데...

32. 쫓고 쫓기는 추격전

허벅지에 총을 맞은 이지국 총리는 급히 동경대 병원 응급실로 옮겨져 탄환 제거 수술을 받았다. 피를 많이 흘렸지만 위험한 고비는 넘겼다. 목숨은 건졌지만 당분간은 휠체어와 목발 신세를 져야 하는 상태였다. 천만다행이라고 생각하면서도 자신의 아들 결혼식에 기습 공격을 받은 이 총리는 이대로 놔둘 수는 없다고 생각했다.

"군부대를 습격하더니 최고 통치자인 내 목숨을 노려? 싹을 잘라버리지 않으면 더 큰 화를 입을 게 분명해"

총독의 분노에 전 군과 경찰, 정보기관에 비상이 걸리지 않을 수 없었다. 도쿄 경시청이 바빠졌다. 이감응 (도쿄 경시청 차장)은 도주한 나가노 유키오에게 현상금 백억 원을 내걸었다. 경찰이든 군인이든 민간인이든 나가노 유키오를 생포하거나 사살하는 자에게는 백억 원을 포상금으로 지급하겠다고 했다.

이 현상금에 가장 기뻐한 건 나석이 파 보스가 된 한영욱이었다. 자신의 보스였던 공나석을 살해한 야마구치 히데오와 더불어 나가노까지 잡아 원수도 갚고 현상금도 손에 쥐게 된다면 더없이 기쁜 일일 것이었다. 경찰은 경찰대로 한영욱은 한영욱대로 나가노와 야마구치 추적을 시작했다.

한편, 어깨 부상을 입고 피신한 나가노 유키오는 노리코를 잃은 슬픔과 분노에 술로 며칠 밤을 지새웠다. 노리코와의 사랑을 나눴던 숱한 날들이 나가노의 머릿속을 좀처럼 떠나지 않았다. 마치 그녀가 금방이라도 살아 돌아올 것 같은 생각을 떨쳐버릴 수 없었다.

"이제 어쩔 셈인가? 자네의 연인을 잃은 슬픔은 알겠네만 그날 나도 부하 다섯을 잃었네"

아키야마 사령관이 입을 열자 야마구치 히데오도 나섰다.

"내 부하도 셋이나 죽고 둘은 병신이 됐어. 한 놈은 잡혀서 감방에 갔고"

"실패했다고 해서 포기할 순 없습니다. 이대로 한국의 영원한 식민지로, 자주 민족의 정신을 유린당하고 살 수만은 없습니다. 우리 독립군만 바라보고 있는 일본 민중들을 생각해야죠"

며칠간 술과 슬픔에 취해 있었지만 나가노는 주먹을 불끈 쥐며 굳은 의지를 드러냈다.

"그렇다고 섣불리 움직였다간 낭패 보기 십상이라는 것도 잘 압니다. 아마 지금쯤 놈들은 우릴 잡으려고 혈안이 돼 있을 겁니다. 모든 군부대와 주요 시설에 대한 경계는 강화했을 것이고 주요 인사들에 대한 경호도 철저하게 하고 있겠죠"

"그래 그렇겠지. 그래서 어떻게 해야 한다는 거야?"

야마구치가 다그치듯 물었다.

"본토를 쳐야지요"

"본토?"

"놈들은 일본 열도에만 온 신경을 쏟고 있을 거예요. 상대적으로 반도는 경계가 약할 게 분명합니다. 그러니 서울 청와대를 공격해 우리 일본 민족의 저항을 제대로 보여줘야 한단 말입니다"

현해탄 건너 반도의 서울, 청와대를 공격하자는 나가노의 말에 아키야마 사령관과 야마구치 히데오가 눈을 휘둥그레 떴다. 전혀 생각해보지 못한 엄청난 계획이었다.

"근데, 거액의 현상금이 걸린 자네가 어떻게 현해탄을 건넌단 말인가? 나 또한 수배 상태인데"

야마구치가 물었다.

"그건 내게 맡겨주게. 작전팀을 짜서 구체적 계획을 세워보겠네"

아키야마 사령관이 숨을 크게 내쉬며 말했다.

아키야마 사령관이 작전을 세우는 동안 도쿄 경시청 지하 취조실에서는 혹독한 고문이 자행되고 있었다.

"너, 야마구치 꼬붕 맞지?"

그날 총독 아들 결혼식날 습격에 참여했다가 경호팀이 쏜 총에 맞아 쓰러졌다가 붙잡힌 야마구치구미 소속 야쿠자 행동대원이었다.

"등에 용 세 마리가 똬리를 틀고 있는 거 보니 야마구치구미 내 중간 보스는 되는 모양이구나"

집요하게 묻는 건 이감응의 충실한 부하 다나카 요시오 형사였다.

하지만 녀석은 말이 없었다. 굳게 입을 다문 채 아무것도 발설하지 않겠다는 표정으로 다나카를 노려봤다.

"안 되겠군. 시작해!"

다나카의 명령에 살인적인 고문이 시작됐다.

팬티만 입은 야쿠자의 발등에 화롯불에 달궈진 쇠젓가락이 내리 찍힌다. 살이 타들어가는 냄새와 연기가 코를 찌른다. 야쿠자의 입에서 고통스러운 신음이 새어 나온다. 뜨겁게 달궈진 쇠젓가락이 이번엔 그의 손등에 구멍을 낸다. 이 정도면 기절할 정도인데 야쿠자는 그래도 입을 열지 않는다.

"어라, 이 새끼. 보통이 아닌데, 안 되겠어. 얘들아 주사기 갖고 와"

다나카가 팔을 걷어붙이며 일어섰다. 부하 형사들의 고문이 못마땅한 듯 자신이 직접 하겠다고 나선다. 다나카는 주삿바늘을 야쿠자의 팔뚝에 꽂아 넣더니 피를 뽑는다. 주사기도 보통 주사기의 4배 이상 큰 주사기다. 한 번에 400밀리리터를 단숨에 뽑아낸다.

"이봐, 헌혈 고마워. 너 야마구치 꼬붕 맞지?"

"…"

다나카는 그럴 줄 알았다는 표정으로 주사기에 담긴 야쿠자의 시뻘건 피를 그의 얼굴에 뿜어댄다.

"헌혈을 또 하시겠다? 이렇게 고마울 수가 있나?"

다나카가 또다시 주삿바늘을 야쿠자의 팔에 아무렇게나 찔러 넣었다. 그리고 또 피를 뽑는다. 주사기 속에 시뻘건 피가 가득 찬다.

"또 4백 밀리 리터네. 고마워. 자 다시 한 번 묻지. 너 야마구치 꼬붕 맞지?"

"…"

"그래? 이 정도까진 버틸 수 있다 이거지? 이건 어때?"

다나카가 좀 전에 쓰던 주사기의 두 배 크기 주사기를 집어 든다.

"이건 한방에 8백 밀리리터야. 너 네 몸속에 혈액이 몇 리터 흐르고 있는지 알아? 체중 70kg인 사람 몸에 보통 5.8리터의 혈액이 있다고. 너 대충 70kg 좀 넘는 거 같으니 6리터라고 치자. 아까 0.8리터 뽑았지. 이번에 이 주사기를 다 채워 뽑으면 또 0.8리터. 아까 거랑 합치면 1.6리터네. 숫자 복잡해서 내가 잘 모르겠지만 암튼 이걸로 3~4번 더 뽑으면 넌 어떻게 될까? 과다출혈로 그냥 저세상으로 가는 거겠지 "

다나카가 비열한 미소를 띠며 말하고는 주사기를 다시 야쿠자의 팔에 찔러 넣었다.

"그만!"

드디어 고문을 견디지 못한 야쿠자가 입을 열었다.

"이미 늦었어. 찔러 넣은 건 뽑아야지"

다나카는 세 번째 주사기를 야쿠자의 시뻘건 피로 채워 넣었다.

"이제 그만, 제발! 나 야마구치구미 소속 맞아"

"그건 이미 아는 거였고, 독립군 아지트를 말해! 네 오야붕도 함께 그 아지트에 있는 거 다 안다고. 어디야?"

"그건..."

다나카가 야쿠자의 피가 든 주사기를 들어 올리더니 그의 입에 뿜어댔다.

"이 피가 다 빠지기 전에 말하는 게 좋을 거야. 아니면 얼마 안 남은 네 피를 뽑아버릴 테니까?

"차이나타운"

야쿠자는 끝내 버티지 못했다. 요코하마 차이나타운 내 비밀 아지트의 주소를 불러주고 말았다.

다나카와 그가 부리는 일본인 형사들은 고문기술자로 악명을 날렸다. 한국 경찰도 혀를 내두를 정도로 악랄하게 일본 독립운동가들을 다뤘다. 이들에게 고문당한 뒤 실토하지 않고 배긴 자는 여태껏 아무도 없었다. 얼마나 지독했던지 고문실을 나간 후 사지가 멀쩡한 자는 없었다. 정신병원 신세를 진 자도 꽤 있었다.

주사기로 피를 뽑는 착혈 고문은 일제가 조선을 지배했을 당시 일본 경찰이 되어 조선인들을 무자비하게 고문했던 조선인 '고문 귀신' 하판락의 고문 수법을 배운 것이었다.

일본 독립군이 서울 침공을 계획하는 사이 이감응이 이끄는 도쿄 경시청은 독립군 아지트를 급습할 터였다.

33. 한국 본토 상륙 계획

1943년 7월.

고문을 견디지 못한 야마구치구미 꼬붕이 불면서 일본 독립군 비밀 아지트가 탄로 났다. 독립군 사령부의 위치를 파악하자마자 이감응은 곧바로 특공대를 요코하마 차이나타운으로 출동시킨다. 국방부 대테러부대와의 합동작전이었다. 사이렌을 울리며 현장에 도착한 경찰 특공대와 군 대테러부대 요원들이 아지트에 들이닥친다.

"꼼짝 마!"

완전무장한 대원들이 아지트를 급습했지만 그곳은 텅 비어 있었다. 독립군은 이미 떠난 뒤였다. 급하게 떠나느라 일부 서류와 작전지도가 어지럽게 널려 있었다.

"젠장! 한 발 늦었군"

아지트에 들어선 이감응의 표정이 굳어버렸다.

같은 시각, 나가노 유키오는 돗토리현 사카이미나토의 한 허름한 여관에 투숙했다. 아키야마 스케베 사령관과 야마구치 히데오도 함께였다.

"정말 괜찮을까요?"

유카타 (일본 전통 의상) 차림의 나가노가 걱정 어린 눈빛으로 물었다.

"해봐야지"

아키야마 사령관도 선뜻 자신감 넘치는 목소리로 답변하지는 못했다.

"이래 죽으나 저래 죽으나 매한가지 아니겠소? 그래도 저들은 우리가 본 토를 치러 간다는 생각은 꿈에도 못할 것이오"

가장 에너지 넘치는 건 야마구치였다.

"좋아요. 시간 끌수록 상황은 불리해질 겁니다. 준비되는 대로 바로 출발하죠"

나가노가 주먹을 불끈 쥐며 말했다.

어민으로 위장해 어선 십여 척에 나눠 타고 강원도 동해를 통해 본토에 상륙한 뒤 서울로 이동하는 것이 그들의 계획이었다. 감시망을 뚫고 무사히 상륙할 수 있을지가 관건이었다. 또 무사히 상륙한다 해도 동해에서 서울까지 무사히 이동하는 것과 삼엄한 경계가 펼쳐지는 청와대를 습격하는 것도 어찌 보면 무모할 수밖에 없는 일이었다. 그래도 그들은 목숨을 걸기로 했다. 일본이 한국의 식민지배를 거부하며 저항하고 있다는 것을 전 세계에 보여줘야 한다는 게 그들의 생각이었다.

34. 울릉도 해상 전투

열대야가 며칠째 지속되던 7월 27일 새벽 4시.

사카이미나토의 한 포구에 어선 13척이 은밀하게 출항 준비에 나섰다. 한 척당 10명에서 12명씩 모두 152명이 나눠 탔다. 어민으로 보이기 위해 모두 장화를 신고 방수 앞치마를 둘렀다. 무기도 가득 실었다. 최첨단 소총인 폭스 24 소총 160정에다 고성능 폭약 100kg도 챙겼다. 단도와 수류탄은 기본이었다. 모두들 어선 내부 아래 기관실 옆 창고에 실었다. 폭스 24 몇 자루씩은 언제라도 꺼낼 수 있도록 선장실에 거치했다.

"제군. 이제 우리는 한국의 폭압에서 벗어나 독립을 쟁취하기 위한 작전을 수행하게 된다. 우리의 임무는 우리 민족의 혼과 국가를 빼앗은 적국의 수장을 제거하는 것이다. 작전 수행이 결코 간단치 않다는 걸 제군도 잘 알 것이다. 그러나 우리 가족과 후손, 민족의 미래를 위해 목숨을 버릴 각오로 싸움으로써 우리는 끝내 승리할 것이다"

아키야마 스케베 사령관의 목소리에 비장한 각오가 담겼다.

"그렇습니다. 여러분. 우리 민족과 국가의 미래는 여러분 손에 달렸습니다. 임무 완수를 위해 우리 힘을 모읍시다"

나가노 유키오가 호소력 있는 어조로 거들었다.

작전에 참가하는 독립군 부대원들의 얼굴엔 단호한 의지가 배어 있었다.

작전 부대원 152명은 각각 흩어져 어선에 탑승했고 서서히 동이 틀 무렵 아키야마 사령관의 신호에 따라 출항했다.

한편 3시간 뒤 야마구치 히데오는 꼬붕 12명과 함께 동해항으로 가는 크루즈훼리에 몸을 실었다. 지명수배 상태였기 때문에 변장을 해야 했다. 수염을 덥수룩하게 기르고 가발을 썼다. 한 여름이었지만 문신이 드러나지 않도록 긴소매 셔츠에 흰색 재킷을 입었다. 선글라스에 페도라를 썼다. 최대한 관광객으로 보여야 했다.

독립군 부대원들이 탄 어선 13척은 파도를 가르며 서북쪽으로 나아갔다. 독도를 지나 울릉도 북동쪽 해상을 지날 때였다. 대원 한 명이 소리쳤다.

"사령관님! 한국 해경 경비함이 다가오고 있습니다"

멀리 해경 경비함 1척과 경비정 2척이 보였다.

"모두들 침착하게 행동해!"

아키야마 사령관이 긴장한 어조로 말했다.

당시 동해상에는 가끔 불법 조업을 하는 중국과 러시아 어선을 단속하기 위해 해경이 순찰을 강화하고 있었다. 특히 해당 해역은 어족 자원 보호를 위해 7월과 8월 두 달 동안을 금어기로 정했기 때문에 해경이 불법 조업 선박을 단속하던 것이었다.

해경 단속반장의 지시로 해경 3명이 아키야마 사령관이 탄 어선에 오른다.

"안녕하십니까? 잠시 검문하겠습니다. 어디서 출항하셨습니까?"

"사카이미나토항에서 출항했습니다"

"멀리까지 오셨군요. 어떻게 여기까지 오셨나요?"

"어민이 고기떼 쫓다 보니 여기까지 왔네요"

"고기 많이 잡으셨습니까?"

"아뇨, 아직 시작도 못했습니다"

검문에 나선 해경은 뭔가 이상한 낌새를 느낀다. 어부로 보기엔 피부가 하얀 얼굴의 사내들이었고 이 일대 해역이 현재 금어기라는 걸 알지 못하는 듯한 답을 하는 걸 보니 뭔가 석연치 않았던 것이다.

"창고 좀 봐도 되겠습니까?"

"아이 뭐, 아무것도 없어요"

숨겨놓은 무기가 발각될까 답하는 대원의 목소리에 긴장감이 실렸다.

창고에 들어간 해경이 이것저것 들쳐본다.

독립군 부대원들의 낯빛이 굳어진다. 조마조마해진 부대원들이 주머니 속 나이프를 만지작거린다. 만일의 사태가 발생할 경우 해경을 죽여야만 한다. 창고에 들어갔던 해경이 나오며 가볍게 말을 던진다.

"아주 텅 비었네요. 씨가 말랐나 봐요. 요즘 고기 잘 안 잡힌다더니 심각하네요"

아키야마가 응한다.

"그래요. 우리 어민들 다 죽게 생겼어요"

"근데 그물이 조금밖에 안 보이네요. 선원은 10명이 넘는데 그물은 저거밖에 없네요?"

아뿔싸, 검문검색당할 줄 생각도 못했던 독립군 대원들이 그물을 잔뜩 챙기지 못했던 것이다. 독립군이 구한 어선은 원래 3~4명의 어부가 작업을 하는 배인지라 그물이 많지 않은 것은 당연했다.

선장을 맡은 대원이 선장실에 서치해놓았던 폭스 24 소총을 슬쩍 집어 들어 바닥에 내려놓는다. 들키지 않게. 그런데 그게 문제였다.

"최경장! 조심해. 선장실에 무기 같은 게 있어"

해경 경비함에서 지켜보던 망원경에 포착된 걸 알리는 무전 내용이 검문하던 해경의 이어폰을 통해 들렸다. 안 그래도 여러 상황이 의심쩍었던 터에 무기가 있다는 이야기에 해경 단속대원은 바짝 긴장할 수밖에 없었다.

"선장실 좀 볼까요?"

"선장실은 왜? 뭘 거기까지 봐요?"

"잠깐이면 됩니다"

선장실 문을 열고 들어선 해경 단속대원의 눈에 소총이 들어온다. 놀란 단속대원이 권총을 뽑으려는 순간 선장실에 있던 독립군 부대원의 나이프가 그의 목에 꽂힌다.

"뭐야, 최경사! 최경사!"

망원경으로 상황을 지켜보던 경비함에 비상이 걸린다. 사이렌이 울리고 해경 대원들이 전투태세로 돌입한다. 경비정에서 상황을 파악한 것을 알아차린 독립군 부대원들도 전투 준비에 나선다.

"안 되겠다. 전원 전투 준비!"

아키야마의 명령에 13척 어선에서 모든 부대원들이 폭스 24 소총을 꺼내들고 경비정을 향해 사격을 개시한다.

"두두두두... 탕탕탕탕!"

해경 경비함과 경비정에서도 권총과 소총이 불을 뿜지만 최첨단 소총인 폭스 24의 공격은 감당이 되지 않았다. 전투는 오래가지 않았다. 15분도 채 지나지 않아 경비함과 경비정에 승선했던 해경 대원들의 설반이 희생됐다. 해경 단속반장은 퇴각을 결정한다. 무전을 통해 상황을 보고하고 해군에 지원 요청을 한다.

독립군 부대원들도 20명이 목숨을 잃었다. 아키야마 사령관은 마음이 급했다. 이대로 있다간 1시간도 안돼 해군 전투함과 헬기 공격을 받을 것이 뻔했다. 아키야마는 야마구치에게 긴급 도움을 요청한다. 사카이미나토항을 떠나 동해항으로 향하던 크루즈훼리가 독립군을 구하러 올 터였다.

35. 한반도 비밀 대원들과의 접선

"야마구치 오야붕, 나 아키야마 사령관이오"

"네, 사령관님!"

"방금 한국 해경 경비대와 전투를 치렀소. 놈들을 격퇴시키긴 했는데, 곧 적들이 반격해올 것이 분명하니 어서 와 우리를 구조해줘야겠소"

"네, 알겠습니다. 바로 달려가겠습니다"

야마구치는 꼬붕들에게 신호를 보냈다. 선장실을 장악해 독립군 구조 작전에 돌입해야 한다는 신호였다. 카지노 룸에서는 손님들이 여유 있게 카지노를 즐기고 있었고 레스토랑에서는 오케스트라의 클래식 연주 속에 런치를 즐기는 사람들이 가득했다. 갑판 위 데크의 풀장에는 어린아이들이 햇볕 아래서 물장구를 치고 있었다. 야쿠자들은 재빠르게 움직였다. 5명은 조타실, 3명은 선장실을 각각 맡았다. 조타실에 뛰어든 야쿠자 5명은

1등 항해사와 조타수 등 조타실에 있던 선원 5명을 나이프로 위협해 결박했다. 선장실에 들이닥친 야마구치가 조용하게 말했다.

"선장, 협조해줘야겠소. 승객들도 위험에 처할 수 있으니 조타실로 조용히 갑시다"

야쿠자 두 명이 양쪽에서 팔짱을 끼워 선장을 조타실로 데려갔다. 이미 장악한 조타실에 선장을 데려다 놓은 야마구치가 나지막이 말했다.

"여기 계신 여러분들은 역사의 물줄기를 바꾸는 일에 동참하게 됩니다. 일본의 해방과 국제사회의 새로운 질서 구축에 큰 역할을 하게 된다는 점에서 자부심을 가져야 할 겁니다. 승객들은 알지 못하도록 지금부터 나의 지시에 따라 항해해주기 바랍니다. 울릉도 동북쪽 10km 해상을 향해서 전속력으로 갑시다"

야쿠자들의 험상궂은 얼굴과 흉기에 선장과 항해사들은 벌벌 떨었다. 사실상 납치된 상태에서 야마구치 일당의 말을 들을 수밖에 없었다. 크루즈선은 전속력으로 독립군 어선 부대가 있는 곳을 향해 물살을 헤치며 나아갔다.

1시간 후 해전이 벌어졌던 곳에서 남동쪽으로 25km 해상에서 독립군 어선 부대와 크루즈선이 만났다. 독립군 부대원들은 어선 바닥에 구멍을 뚫어 모두 침몰시켰다. 그리고는 크루즈에서 내린 그물 사다리를 통해 잽싸게 크루즈선에 올랐다. 크루즈훼리는 아무 일도 없었다는 듯 유유히 동해항을 향해 항해를 다시 시작했다.

퇴각한 한국 해경으로부터 보고받은 대한민국 해군은 포항에서 즉시 경비함을 출동시켰고 경비함에서 출격한 링스헬기가 전투가 벌어졌던 해역에 도착했지만 한발 늦은 상황, 어선 무리는 찾아볼 수 없었다.

"하마터면 한반도를 밟아보지도 못하고 전원 전사할 뻔했는데, 야마구치 오야붕 덕분에 살았소. 고맙소"

아키야마 사령관의 사의 표명에 야마구치가 겸연쩍은 듯 미소를 지어 보였다.

크루즈선이 동해항에 무사히 도착한 것은 저녁 7시, 해가 육지 쪽으로 넘어갈 즈음이었다. 항구에는 일본 독립군 한반도 지부 비밀요원들이 기다리고 있었다. 독립군 132명과 야마구치 일행은 비밀요원들이 준비해놓은 승용차와 트럭 10여 대에 나눠 타고 서울로 가는 고속도로 진입로를 향해 달렸다.

적국 최고지도자의 목을 베는 것이 그들의 임무였다.

36. 일본 독립군, 청와대를 습격하다

일본 독립군을 태운 차량 행렬은 쉬지 않고 고속도로를 달렸다. 서울에 도착한 독립군은 3팀으로 나뉘어 작전에 돌입했다. 아키야마 스케베 사령관이 이끄는 1팀은 청운동, 창의문 루트. 1968년 북한 정찰국 소속 124군부대 김신조 일당의 습격 루트를 선택했다. 나가노 유키오가 이끄는 2팀은 삼청각에서 숙정문을 넘어 침입하는 루트. 야마구치 히데오의 3팀은 경복궁 4거리 인근에 위치한 호텔 서머셋 팰리스 서울 옥상.

자정을 조금 넘긴 시각. 먼저 3팀이 서머셋 팰리스 서울에 도착. 마취제를 묻힌 수건으로 프런트 데스크 직원들을 잠재우고 재빨리 호텔 옥상을 장악, 청와대와 청와대를 오가는 길목을 겨냥해 저격수를 배치한다. 청와대 관저와 본관을 직접 타격하기에 충분한 거리인 데다, 1팀과 2팀의 작전이 실패했을 경우 청와대를 빠져나와 광화문 방향으로 대피하는 대통령을 저격할 수 있는 위치를 확보한 것이다.

굵은 빗방울이 떨어지기 시작하고 시계가 새벽 1시를 가리키자 세검정 인근과 삼청공원에 각각 몸을 숨겼던 1팀과 2팀이 동시에 움직이기 시작했다. 첨단 레이저 소총 폭스 24로 무장한 이들은 먼저 전파교란기를 작동시켰다. 경찰 101 경비대와 수도방위사령부 소속 청와대 경비대대, 그리고 청와대 경호처의 통신을 교란시킴으로써 직접을 용이하게 하기 위함이었다.

아키야마 사령관이 이끄는 1팀은 쏜살같이 칠흑 같은 어둠을 뚫고 창의문을 넘어 북악산으로 숨어들었다. 3중 경비 구조였지만 잘 훈련된 특수부대 출신의 정예 멤버였다. 북악산에서 내려다본 청와대는 가로등이 환하게 켜져 있었고 군데군데 경비 초소에 병사들과 경호원들이 경비를 서고 있었다. 아키야마 사령관의 수신호에 따라 50명의 독립군이 숲길을 헤치며 청와대를 향해 천천히 내려간다. 이들의 발소리는 세차게 내리는 빗소리에 묻힌다.

순간

"누구야?"

초소 순찰을 하던 당직 장교가 독립군들과 마주치자 권총을 빼들며 소리쳤다.

"빵!" "슝~"

순간 당직 장교의 권총과 독립군의 소총이 동시에 불을 뿜었다. 총격전이
벌어지자 북악산 일대의 초소 인근마다 배치된 라이트가 동시에 켜진다.
사이렌도 동시에 울린다. 수방사 경비대대에 청와대 경호처에 비상이 걸
린다. 순식간에 경비대 대원들이 청와대 본관 주변을 에워싸고 전투태세
에 돌입, 독립군 무리 쪽으로 총탄이 빗발친다.

"두두두두~~"

"슝슝슝슝~~"

선택의 여지가 없다. 치열한 교전뿐이다. 아키야마 사령관은 대원들에게
흩어져 방어망을 뚫고 청와대 관저를 습격할 것을 명령한다. 세찬 빗속에
가끔씩 번개와 천둥까지 치는 험궂은 날씨에 벌어지는 총격전. 레이저건
이 경비대 대원들을 하나둘씩 쓰러트리는 사이, 군견 셰퍼드 수십 마리가
독립군을 향해 내달린다.

눈부신 서치라이트가 북악산 곳곳을 비추고 독립군 침투 조원들의 위치가 하나씩 드러난다. 경비대대가 퍼부어대는 총알세례에 독립군도 하나둘씩 쓰러지고, 진동하는 피 냄새에 굶주렸던 셰퍼드들이 독립군의 팔다리를 물어뜯는다. 1시간 전투 끝에 48명이 전사했다. 사령관 아키야마도 총탄을 피하지 못한 채 숨을 거뒀다. 생존자는 2명뿐, 한 명은 생포되고 다른 한 명은 북악 스카이웨이 쪽으로 도주한다.

청와대 서쪽 북악산에서 치열한 교전이 벌어지는 사이 삼청각에서 숙정문을 넘어 침투한 독립군 2팀은 상대적으로 경비가 소홀해진 틈을 타 대통령 부부가 기거하는 관저 인근까지 다가갈 수 있었다. 그러나 이미 총격전 시작과 더불어 비상이 걸린 청와대는 대통령 특별 경호와 긴급 대피 작전이 수행되고 있었다.

"대통령님, 비상사태입니다. 테러리스트들이 습격해 현재 우리 경비대대와의 교전이 벌어지고 있습니다. 서둘러 벙커로 대피하셔야겠습니다"

국정상황실 당직자로부터 보고받은 임욱화 대통령이 물었다.

"도대체 누가 습격을 했단 말인가?"

"아직 확인하진 못했지만 잘 훈련된 정규군 같다는 보고입니다. 서둘러 대피하시죠"

총격전 소리에 잠에서 깬 대통령 내외는 청와대 습격 사실을 보고받고 서둘러 청와대 내 지하벙커로 이동하기 위해 관저를 나선다. 바로 그때였다. 레이저탄 한 발이 관저 현관 앞에 떨어진다. 서머셋 팰리스 옥상에서 날아온 것이었다. 화들짝 놀란 대통령 내외와 근접 경호원들은 관저 안으로 퇴각한다. 이 장면을 멀찌감치서 지켜본 독립군 2팀의 나가노 유키오가 외친다.

"사격 개시!"

2팀 독립군 병사들의 레이저건이 관저를 향해 불을 뿜는다. 경호팀은 모두 관저 안에 들어가 대통령 내외를 근접 경호, 경비대대는 서쪽에서 독립군 1팀을 상대하느라 관저 인근에는 없다. 독립군 2팀의 움직임이 빨라진다. 특수 폭약 설치조가 관저로 쏜살같이 달려간다. 현관과 외벽 곳곳에 폭약을 설치한다. 강력한 폭약은 관저를 통째로 날릴 만한 위력을 갖고 있었다. 한밤중에 당한 습격이라 대통령 근접 경호는 오로지 5명뿐이었다. 그 가운데 탄탄한 근육질 몸을 가진 최고참 최창운 경호관이 대통령에게 보고했다.

"대통령님, 경비대대가 도착할 때까지는 시간이 좀 걸릴 듯합니다. 저들이 관저를 폭파시킬 모양이니 서둘러 지하통로로 이곳을 빠져나가셔야 합니다. 서두르십시오"

대통령 관저에서 본관까지는 비밀 지하통로가 있었다. 대통령과 경호처장, 그리고 근접경호팀장 등 극소수 외에는 알지 못하는 지하통로였다.

"자네들은?"

"경호관 4명과 함께 가십시오. 저는 경비대대가 올 때까지 이곳을 사수하 겠습니다. 비밀 통로가 탄로 나지 않도록 해야 하니까요. 뭣들 해. 어서 모 시게!"

최창운 경호관이 관저 제2부속실 근무자 방 벽에 붙어있던 책장을 한쪽으 로 밀자 비밀통로로 이어지는 문이 나왔다. 문을 열자 지하로 내려가는 계 단이 내려다보였다. 대통령은 최창운 경호관과 악수를 나누고는 부인과 함께 다른 경호관 4명의 경호를 받으며 지하통로로 향했다.

관저 밖에서는 폭약 설치조의 작업이 거의 마무리되고 있었다.

"설치 완료됐습니다"

보고를 받은 나가노는 "이제 역사의 물줄기를 바꿀 때가 되었군" 하며 리모컨의 빨간 버튼을 누른다.

"쾅. 쾅쾅.. 콰콰쾅...."

굉음과 함께 관저 건물이 무너져 내린다. 그때서야 관저에 도착한 경비대 대 병사들이 놀라 뒷걸음질 친다. 하지만 충격도 잠시, 독립군을 발견하자 총격을 가한다. 양측의 화기가 불을 뿜는 사이 관저 본관으로 이어지는 비밀 지하통로에서는 비명이 울린다.

"여보!"

튼튼하게 지은 비밀 지하통로였지만 워낙 강력한 폭발 탓에 천장이 일부 무너지며 대통령이 쓰러진 것. 앞서가던 경호관 한 명은 머리를 다쳤고 대통령은 왼쪽 다리가 돌덩어리 사이에 끼었다. 경호관들의 부축을 받으며 대통령은 본관을 향해 나아갔다.

무너진 관저 앞에서의 총격전은 서쪽 북악산 전투보다 더 격렬했다. 총소리가 굉음을 내며 이어지는 사이 하늘 위에 헬기가 프로펠러 굉음을 내며 나타났다. 수방사 헬기였다. 기관총 공격에 독립군이 쓰러진다. 로켓탄이 발사되자 독립군들이 초토화되다시피 한다.

"피하십시오. 나가노 대장. 당신은 살아서 일본 독립을 반드시 이뤄야 합니다. 어서 가세요! 우리는 영광스럽게 이곳에서 최후를 맞이하겠소"

독립군 가운데 한 명이 이렇게 외치고는 나가노의 등을 밀쳤다.

"동료들을 놔두고 나만 살 수는 없소"

"무슨 소리요? 대통령의 생사는 아직 알 수 없고 설령 죽었다 해도 이걸로 일본이 독립을 이루는 건 아니잖소. 당신은 우리 일본 민족의 희망이오. 부디 살아서 조국을 해방시켜주시오"

독립군의 호소에 나가노는 미안한 표정으로 청와대 담을 넘는다. 그 후 15분도 되지 않아 독립군 2팀은 모두 사살, 관저 전투는 막을 내린다. 서머셋 팰리스 옥상에서 이 장면을 지켜본 야마구치 히데오가 꼬붕에게 외친다.

"나가노 대장을 데리고 와야겠다"

나가노가 꼬붕 2명을 데리고 삼청각 쪽으로 출발한 지 5분 후. 서머셋 팰리스에 수방사 병력과 경찰 101단 경비대가 도착, 호텔을 장악한 독립군 3팀 체포작전이 펼쳐졌다. 서치라이트를 켠 공격헬기들의 기관총 공격에 독립군들이 레이저총 사격으로 맞섰지만 로켓포에는 당해내지 못했다. 호텔 천장에 구멍이 날 정도로 쏟아붓는 로켓포에 자위대 출신 저격수와 야마구치의 꼬붕들이 모두 최후를 맞는다.

이제 살아남은 건 나가노 유키오와 야마구치, 야쿠자 꼬붕 2명, 그리고 북악산 전투에서 생포된 독립군 1명과 도주한 1명이 전부였다.

37. 나가노, 정한론의 본거지 가고시마를 가다

혈안이 된 한국 경찰과 정보당국의 추적을 따돌리고 나가노 일당은 천신만고 끝에 부산항에 도착, 비밀리에 배를 타고 일본으로 향한다. 일행이 도착한 곳은 규슈 가고시마였다.

나가노가 가고시마를 찾은 데는 이유가 있었다. 가고시마는 천황을 중심으로 한 국가질서와 더불어 정한론을 주창했던 사이고 다카모리의 고향이자 그가 생을 마감한 곳이었다. 나가노는 그곳에서 거듭 일본의 독립을 다짐하고자 했던 것이다.

"사이고 다카모리는 사무라이 정신을 되찾고자 한 분이었습니다. 메이지 유신 이후 사라져 가던 사무라이 정신을 되찾고 천황을 중심으로 한 국가를 재건하고 한반도 정벌을 주장한 무사였습니다. 이제 우리는 우리의 원수인 한국 대통령 처단이라는 목적은 달성하지 못했지만, 일본 독립을 위한 의지를 더욱더 강렬하게 불태워야 할 것입니다. 억압으로부터의 민족해방을 위해 우리는 목숨을 바쳐야 할 것입니다"

나가노가 비장한 각오로 말하자 모두들 숙연해졌다.

"나 또한 내 피에는 사무라이의 피가 흐르고 있다고 믿고 있소. 사회악으로 살아왔지만 조국을 되찾기 위해 이 한 몸 기꺼이 불사르겠소"

야마구치가 옆에서 거들었다. 일행 다섯 명은 두 손 모아 청와대 습격작전에서 목숨을 잃은 독립군들의 명복을 빌었다.

한편 서울 남영동에서는 북악산 전투에서 체포된 독립군 병사 구로다 카스히로에 대한 수사가 강도 높게 진행됐다. 좀처럼 입을 열지 않는 구로다에게 가차 없이 고문이 가해졌다. 거꾸로 매단 채 양 손은 허리 뒤로 묶어 놓았다. 도르래를 이용해 쇠사슬을 천장으로 올렸다 내렸다를 반복했다. 아래쪽에는 물이 가득 찬 욕조가 있었다. 도르래를 끝까지 내리면 구로다의 머리가 욕조 물속으로 가라앉았다. 숨이 막혔다. 몸뚱이를 위로 젖히는 것도 몇 차례. 체력이 다하며 이내 물속에서 벗어나지 못했다. 끝내 불 수밖에 없었다.

대통령을 살해하고 일본 독립 의지를 만천하에 드러내고자 한 일본 독립군의 작전이었음을, 그 독립군의 우두머리는 나가노 유키오이고 사령관은 전사한 아키야마 스케베였음을, 그리고 야쿠자 오야붕인 야마구치 히데오와 그의 꼬붕들도 이번 작전에 참여했음을.

한국 경찰은 나가노의 목에 현상금 100억 원을 내걸었다. 군 그리고 정보 당국과 합동으로 대대적 추격작전에 나섰다. 하지만 그들이 한반도를 벗어날 때까지 추격조의 손은 나가노 일행에게 미치지 못했다.

나가노 일행이 가고시마에서 정한론 주창자인 사이고 다카모리의 뜻을 기리며 일본 독립의 의지를 거듭 다지고 있을 무렵, 도쿄에서는 도쿄 경시청 차장 이감응이 벼르고 있었다. 일본 열도로 돌아올 것에 대비해 나가노 체포조를 구성했다. 내로라하는 특수 부대원과 베테랑 형사들로 구성했다. 나가노만 잡으면 일본 독립운동의 씨를 말릴 수 있을 것이라 믿었던 터였다.

38. 법륭사 금당벽화의 비밀

일본 독립군이 청와대 습격작전을 벌였다는 소식에 열도가 술렁였다. 언론들은 테러리스트들의 청와대 침투 기도를 청와대 경비대가 막아냈다고 보도했지만 열도인들은 언론 보도를 곧이곧대로 믿지 않았다. 나가노가 이끄는 독립군이 일본 독립을 위해 감행한 작전이었다는 것이 삽시간에 퍼져나갔다. 동네 삼척동자들도 다 아는 사실이 되어갔다.

도쿄 경시청 이감응이 조직한 나가노 일당 체포조는 나가노가 일본으로 돌아왔다는 첩보를 입수하고 그의 뒤를 바짝 쫓기 시작했다. 마치 사냥개를 풀어 냄새로 쫓듯이 야마구치구미에 있다가 나온 옛 야쿠자 친삐라(양아치)들을 사냥개로 동원했다. 그들은 야마구치와 그 꼬붕들의 이동 경로를 탐색하며 열도 구석구석에 깔린 야쿠자와 친삐라들에게 현상금 포스터를 뿌렸다. 야마구치를 잡으면 나가노를 잡는 건 식은 죽 먹기라고 생각했다.

자신들이 쫓기고 있다는 사실을 모를 리 없는 나가노와 야마구치 일행은 함부로 움직일 수 없었다. 야간에만, 검문검색이 없는 시골 국도로만 다니며 도쿄 방향으로 움직여야 했다. 열도에 들끓는 독립군 응원 열기 덕에 도움을 많이 받았다. 곳곳에서 독립군 돕기 운동이 펼쳐졌다.

특히 독립자금을 대기 위해 금 모으기 운동이 들불처럼 번져나갔다. 1990년대 말 한국의 외환위기 때 그랬던 것처럼. 비밀리에 펼쳐진 독립자금 보금 행사였지만 총독부가 모를 리 없었다. 열도 전역에서 끓는 독립열기에 이감응의 명령을 받는 나가노 일당 체포조는 안달이 났다. 그 열기가 뜨거워질수록 체포는 어려워질 것이 뻔했기 때문이었다.

체포조와 도주자의 쫓고 쫓기는 숨바꼭질이 보름째 이어지던 때였다.

사냥개 한 마리가 냄새를 맡았다. 그리고는 짖어대기 시작했다. 위치는 나라현의 고찰 호류지(法隆寺). 쇼토쿠 태자(聖德太子)가 세운 것으로 전해지는 일본에서 가장 오래된 목조건축물. 그 사찰의 금당(金堂) 주변을 체포조원들과 그들이 풀어놓은 친삐라(양아치)들이 에워쌌다.

금당에는 그 유명한 금당벽화가 있던 곳.

고구려의 학식 있는 승려이면서 동시에 그림에 뛰어났던 승려, 그래서 학승, 화승으로 불리었던 담징이 그린 것으로 알려진 벽화다. 담징은 영양왕 때에 법정(法定) 스님과 함께 일본으로 건너갔다. 당시 한반도는 일본의 미개한 문화에 비해 압도적으로 우수한 선진 문화를 가지고 있었으므로 일본으로 건너가는 승려들과 귀족, 선비들은 우수한 문화를 미개한 일본 민족에게 전수했다.

담징은 오경을 가르쳤고 그림 그리는 법과 공예도 가르쳤다. 뿐만 아니라 글을 쓰고 그림을 그리기 위한 종이와 먹을 만드는 법도 가르쳤다. 심지어 맷돌 만드는 방법까지 전수했으니 당시 열도의 문화가 얼마나 미개했는지 짐작이 갈 법하다.

금당 바로 근처에는 5중탑 (5층탑)이 위용을 뽐내고 있다. 백제의 정림사지 5층 석탑을 빼닮았다. 이 역시 백제인의 기술로 세워진 것이었다.

냄새를 맡은 사냥개들이 짖어대자 호류지의 금당과 5층 목탑을 에워싼 체포조가 기민하게 움직였다. 호류지 외곽과 경내 곳곳의 통행로를 차단한 채 금당 진입만을 앞두고 있었다.

"야마구치가 호류지 주지의 보호를 받으며 이곳에 숨어들었다고 합니다. 이제 독 안에 든 쥐입니다"

사냥개가 으르렁거리듯 말했다.

"자, 절대 놓쳐선 안된다. 다들 정신 바짝 차리고. 백억 원의 현상금이 걸려 있는 것 알고들 있지? 야마구치와 나가노 모두 생포해야 돼"

이감응이 현상금 포스터를 흔들며 외쳤다.

"뭣들 해? 어서 움직여!"

사냥개들과 체포조가 동시에 금당에 뛰어든다.

39. 일본판 봉오동 청산리 전투

이감응이 풀어놓은 체포조와 사냥개들이 나라 '호류지' 금당 안을 들이닥쳤을 땐 먼지뿐이었다. 텅 빈 금당엔 벽화만이 그들을 노려보고 있었다. 체포작전의 낌새를 챈 호류지 주지 승려가 나가노 일행을 빼돌린 뒤였다. 거의 꼬리가 잡힐 뻔했지만 위기를 모면한 건 변장 덕분이었다. 모두 승려복으로 갈아입고 합장한 채 호류지 정문으로 당당히 빠져나갔다. 그때 벌써 이감응의 체포조가 정문을 지키고 있었지만 나가노 일행을 알아보는 이들은 없었다. 호류지 승려들도 그 일행 사이에 끼어있었고 일부는 목탁을 두드리며 불경을 소리 내어 외우고 있었기 때문이었다.

나가노 일행이 체포조를 따돌리고 나라를 벗어났다는 소식이 금세 열도 전역에 퍼졌다. 비록 청와대 습격작전에는 실패했지만 일본 독립을 위해 지배국의 심장부를 습격하고 돌아와 신출귀몰하듯 동에 번쩍 서에 번쩍, 한국 경찰과 정보당국을 데리고 놀듯 따돌린다는 소식에 일본인들은 신이 났다. 독립군에 자금을 대는 이들이 몇 배로 늘었다. 독립군에 참여하겠다는 이들도 넘쳐났다. 20~30대 청년은 물론 10대들 사이에서도 너도나도 독립군이 되겠다고 나서는 이들이 앞을 다투었다.

"한국 정부와 총독부는 우리 일본인들을 차별하다 못해 방사능에 오염돼 죽기만을 바라는 것 같아. 이러다가 우리 일본 민족은 모두 말살될지 몰라. 가만있다가 죽으나, 싸우다 죽으나 마찬가지. 일본의 독립과 해방을 위해 다 함께 싸우자"

나가노 일행을 마치 신격화하는 듯한 이야기도 꾸며지고 부풀려지며 입에서 입을 타고 전역으로 퍼져나갔다. 나가노 유키오 대장이 한국 대통령 앞에 당당하게 서서 일본 열도는 반만년 독립국이었고 앞으로도 독립국이어야 한다고 외쳤다는 이야기부터 그가 한국 특공대원 19명과 대적해 모두 쓰러트렸다는 이야기, 심지어 때로는 구름을 타고 이동한다는 황당한 이야기까지 흘러 다녔다. 물론 그 이야기를 사실이라고 믿는 이는 없었다. 그저 일본의 독립을 열망하는 이들이 그런 열망을 담아 퍼뜨리는 이야기였다. 그만큼 나가노 유키오는 일본의 국민 영웅으로 떠오른 것이었다.

이 같은 독립 열망은 실제로 소규모 독립군의 연쇄 조직으로 이어졌다. 규슈 후쿠오카에서 홋카이도의 삿포로에 이르기까지 열도 전역에 독립군의 점조직이 자생적으로 연결되었다.

나가노 일행은 이동 경로의 길목마다 이들 조직원들의 도움을 받아 도쿄에 입성할 수 있었다. 그들이 새롭게 둥지를 튼 곳은 메구로. 고급 주택가로 한 기업인이 제공한 비밀 아지트였다. 곁에서 보기에는 좀 잘 사는 3층 집이었는데, 지하 3층이 벙커처럼 숨겨져 있었고 비밀 통로가 인근 하수처리장으로 연결되어 긴급 시 도주로도 확보되어 있었다. 태평양 전쟁당시 미군의 공습과 함락에 대비해 지었던 일본 제국주의 육군 고위 간부가 지었던 것이 백 년 넘게 보존되어 있었다.

나가노는 본격적인 무장 독립투쟁을 전국적으로 벌여나가기로 했다. 자신이 지휘하는 독립군은 덩치를 키울 수 없었지만 자생적으로 조직된 소규모 독립군 조직을 하나로 연결하고 원격 제어하는 일은 가능하다고 판단했다. 메신저로 공격 대상과 일시, 공격 방법 들을 알려주며 지시하면 실행은 자생 조직이 하는 방식을 택했다. 전국의 경찰서와 행정기관, 군부대가 1차 타깃이었다.

조직원 수가 충분치 않았기에 나가노가 이끄는 독립군은 최첨단 병기를 활용했다. 그것은 다름 아닌 전투가 가능한 군용 로봇이었다. 노벨상 수상자인 고노 아키라 나고야대 공과대학 교수가 극비리에 개발한 것으로, 독립군에 기증된 것이었다. '카게닌자'로 이름 지어진 이 전투로봇은 자체 인공지능을 갖추고 있었다. 피아를 구분하고 적을 발견하면 가공할 위력으로 처리하도록 설계된 인공지능이었다. 이 카게닌자는 1호부터 10호까지 10개였다. 모양은 사람을 닮은 인간형에서부터 의심 없이 어디든 활보하고 침투할 수 있는 시바견형, 심지어 아주 작은 크기로, 비행 능력을 갖

춘 파리형도 있었다. 파리형은 주로 정찰 임무와 더불어 요인 암살, 적의 작전본부 폭파작전에 사용할 목적으로 개발되었다.

이 카게닌자들이 투입되면서 하루 동안에만 니가타 경찰서가 폭파됐고 돗도리 현청이 불태워졌다. 요코하마 기지는 한밤중에 기습공격을 받아 무기고가 털렸다. 크고 작은 공격과 습격이 매일처럼 벌어졌다. 그때마다 군과 경찰이 출동해 공격에 가담한 이들을 잡아들였지만 무장 습격은 좀처럼 줄어들지 않았다.

결정적으로 총독부를 움직인 건 총독 암살 미수 사건이었다. 이미 암살을 모면했던 이지국 총독. 그때 그 일 때문에 그의 주변엔 10여 명의 경호원들이 늘 그림자처럼 따라다녔다. 그렇게 철옹성 같은 경호였지만 끝내 뚫렸다. 2044년 4월 5일 이지국 총독이 식목일 행사가 열리던 도쿄 하마리큐 공원에서 기념식수를 하던 때였다. 군중 속에서 도시락 폭탄이 날아와 터지면서 수십 명이 쓰러졌다. 수십 개의 파편이 이지국 총리의 몸에 박혔지만 목숨은 건졌다.

자생적 독립군 조직 가운데 유달리 전투력이 강한 부대가 둘 있었다. 코우한즈가 이끄는 자칭 일본 독립군 총사령관과 기타미치군 사령관인 카나사친이 그 주인공이었다. 코우한즈 총사령관은 한국 경찰서와 공공기관들을 습격하며 혁혁한 공을 세웠다.

총독부가 그를 잡기 위해 토벌부대를 편성해 뒤를 쫓았지만 한 번은 호오고 지역 골짜기로 토벌부대를 유인하고는 매복해 있던 코우한즈와 그의 부대원들이 20분 만에 2백여 명의 토벌 대원들을 모두 사살하는 대승리를 거뒀다. 이 전투에서 특히 혁혁한 공을 세운 건 카게닌자 3호 시바견이었다. 총독부 토벌부대에 은밀히 침투한 후 부대 작전계획을 파악해 코우한즈 부대에 정보를 전송하는 한편 사전에 계획했던 대로 토벌부대원들을 골짜기로 유인하는 임무를 완수했던 것이다. 호오고 전투로 불리게 된 당시 승리는 일본 민족들에게 독립에 대한 열망과 자신감을 심어주는 계기가 되었다.

카나사친이라는 장수가 이끄는 자칭 기타미치군 부대는 아오야마 일대에서 한국군과 한판 대결을 펼친 끝에 대파하는 쾌거를 거뒀다. 아오야마 전투로 불린 이 전투 역시 일본 사회에 크게 회자되면서 무장독립투쟁에 불을 지폈다.

(마치 홍범도 장군의 봉오동 전투와 김좌진 장군의 청산리 전투가 거꾸로 재현되는 듯이 보였다)

열도 전역에서 벌어지는 일본 독립군의 파죽지세와 같은 무장투쟁에 총독부는 골머리를 앓을 수밖에 없었다. 결국 이지국 총독은 일본 민심을 달래고 무장투쟁을 중단하도록 하기 위한 묘안을 짜내 본국의 유성국 대통령에게 보고한다. 그 묘안은 열도를 흥분의 도가니로 몰아넣고 승리의 축배를 들게 하기에 모자람이 없는 것이었다. 그것이 나중에 독배가 될 것이란 걸 상상도 못 한 채.

40. 일본 열도 세 조각 분단

2044년 5월 2일, 서울 청와대

오른손에 든 지팡이에 몸을 의지한 채 청와대를 찾은 이지국 총독에게 유성국 대통령이 말한다.

"이 총독, 몸은 좀 괜찮소? 지난번 폭탄 테러를 당해 몸이 성치 않을 텐데"

이지국 총독이 고개를 떨구며 답한다.

"심려를 끼쳐드려 송구합니다. 파편 제거 수술을 받고 2주일 입원 치료를 받았더니 많이 좋아졌습니다"

"그나마 다행이구료. 하마터면 황천길 구경할 뻔하지 않았소? 그나저나 일본 열도의 소요사태가 심상치 않은 것 같은데, 어찌 되고 있소?"

대통령의 걱정스러운 물음에 총독이 시선을 떨구며 낮은 목소리로 말한다.

"상황이 녹록지 않습니다. 독립군 조직이 점차 확대되고 있습니다. 대중들의 지지가 이어지면서 곳곳에서 걷잡을 수 없는 대규모 독립운동으로 확산될 조짐입니다. 총독부를 비롯한 관공서에 대한 무장 공격도 잦아지고 있고요. 경찰과 군이 일일이 손을 쓰기 어려울 정도입니다"

"그렇다면 무슨 대책을 세워야 할 것 아니오?"

대통령의 걱정이 짙게 배인 목소리였다.

"송구하옵니다만 들불처럼 번져가는 무장독립투쟁을 잠재우기 위해선 극약처방을 내릴 수밖에 없을 것으로 사료됩니다"

"극약처방? 그게 무엇이오?"

"자치권을 부여하는 것입니다"

"자치권 부여라?"

"네, 독립을 시키는 것은 아니고 그들에게 자치권을 주어 일단 불만을 최소화하는 게 상책인 듯싶습니다. 그리고 열도를 3개 지역으로 나누는 겁니다. 힘을 분열시키는 거죠. 3개 지역으로 쪼개 각각 별도의 자치권을 부여함으로써 적을 분열시키는 것입니다. 자치행정기구에는 친한파 인물을 심어 저희가 배후 조종하도록 하면 일단 현재의 국면은 전환시킬 수 있을 것으로 판단됩니다. 특히 이번 자치권 부여가 독립으로 가는 단계인 것처럼 언론을 잘 활용해 선전하면 조용해질 것입니다"

귀를 쫑긋 세운 채 듣던 유성국 대통령이 일어서더니 집무실 창밖을 내다본다. 그리고는 미소를 머금은 얼굴로 외친다.

"그거 아주 좋은 생각일세. 당장 실행하세"

"네, 대통령님!"

2044년 5월 8일 도쿄 총독부

총독의 긴급 기자회견 개최 소식에 브리핑룸이 기자들로 꽉 찼다. 긴급 회견 내용이 뭘지 모른 채 모여든 기자들이 웅성거리는 사이 이지국 총독이 단상에 오른다.

"기자 여러분 반갑습니다. 중대 발표가 있어서 여러분을 급하게 모셨습니다. 그럼 발표하겠습니다"

카메라 플래시가 연신 터졌다.

"대한민국 정부는 일본 열도 주민들의 뜻을 존중해 대한민국의 직접통치를 중단하기로 했습니다. 일본인들로 구성된 자치행정기구를 발족해 자치권을 부여합니다. 자치행정기구는 3곳에 설치됩니다. 오키나와와 홋카이도에 각각 한 곳씩, 그리고 규슈와 혼슈를 묶은 지역에 한 곳 이렇게 3곳입니다. 국방과 외교는 총독부가 기존처럼 수행하며 자치행정기구 산하에 자치 경찰단을 설치하고 총독부 산하 경찰의 관리 감독을 받습니다. 이것이 1단계이고 1년 경과를 보아가며 적절하다고 판단되면 2단계로 자치 경찰단의 관리감독권을 자치행정기구에 이전합니다. 이 2단계 조치가 2년간 문제없이 시행될 경우 3단계로 주민투표에 의한 자치행정기구장 선거를 실시하도록 하겠습니다. 이상 발표를 마치겠습니다"

기자들이 손을 들고 질문을 외쳐댔다.

"3곳으로 나눠서 자치행정기구를 설립하는 이유가 뭡니까"

"이게 독립으로 가는 절차입니까?"

"첫 자치행정기구 구성은 총독부가 하는 건가요?"

쏟아지는 질문을 뒤로한 채 이지국 총독은 총총걸음으로 회견장을 빠져나갔다. 총독의 발표는 TV를 통해 일본 전역에 생중계됐고 인터넷을 통해 발표 전문이 곧바로 공개됐다. 반응은 엇갈렸다. 일단 한국 정부가 한걸음 물러선 것 아니냐, 자치권을 준다니 나아지겠지 하는 긍정적 반응이 있는가 하면 무장투쟁을 잠재우기 위한 꼼수에 불과하다, 일본을 분단시키려는 책략이겠지 하는 부정적 반응이 혼재했다.

오키나와를 별도의 자치행정지역으로 지정한 것은 역사적 배경에서였다. 오키나와는 원래 일본 땅이 아닌 별도의 왕국, 류큐왕국이었다. 1100년대부터 여러 부족이 살던 그 땅에 1429년 통일왕국이 탄생했다. 동북아시아와 동남아시아를 연결하는 해상로에 위치해있던 만큼 무역 중심지 역할을 했다. 지리적으로 중국과 가까워 중국의 영향을 많이 받기도 했다. 도요토미 히데요시가 임진왜란을 일으켰을 때는 조선과 동맹관계였다. 그래서 도요토미가 류큐왕국에 식량과 군사 지원을 요구했지만 단칼에 거절했다. 독자적 문화를 가지고 평화롭게 존재했던 류큐왕국은 1609년, 임진왜란 실패의 타격을 받았던 규슈의 시마즈 다다쓰네의 침공을 받아 국왕이 포로로 잡히는 비극을 맞았다. 2년 후 결국 조공을 바치고 사실상 복속되는 조건으로 왕이 풀려났다. 그래도 명맥은 유지되던 류큐왕국은 1879년 4백50년 왕조의 막을 내리게 된다. 일본이 침략해 왕조를 무너트리고 오키나와현으로 이름을 바꿔 열도에 편입한 것이다.

오키나와는 또 태평양전쟁 말기 집단자결을 강요당하는 비극이 서린 곳이기도 하다. 미군의 공격에 포로로 잡히지 말고 천황을 위해 만세를 부르고 스스로 목숨을 끊으라는 세뇌교육에 따라 수많은 학도병과 군인뿐 아니라 일반 주민들도 동굴이나 참호 속에서 수류탄을 터뜨려 집단 자결하거나 식구끼리 서로 목을 졸라 죽이는 참사가 발생했다. 특히 당시 오키나와에는 2만 8천 명의 조선인 학도병과 징용병이 있었던 것으로 전해진다. 오키나와는 또한 패전에 따라 1951년 미군에 점령당한 후 21년 만인 1972년 일본에 반환되는데 미군 점령기간 수많은 미군 범죄로 인한 반미감정이 들끓기도 한 지역이다. 역사적으로 독립왕국이었던 류큐왕국. 일본의 침략에 복속되디니 미군에 21년간 점령됐다가 다시 일본에 반환되는 역사의 비극을 안고 있는 곳이기에 자치권이 부여되는 것을 오히려 반기는 이들이 많았다. 더구나 원래 오키나와인들은 남방계로, 본토 사람들과 생김새도 달랐기에.

일본 최북단 홋카이도도 원래 아이누족이라는 민족이 살던 곳이다. 일본 열도 전체 면적의 5분의 1이나 되는 넓은 섬이지만 추운 지방이라 일본 본토 민족은 살지 않던 곳이다. 아이누족은 체격이 크고 몸에 털이 많은 데다 코가 크고 눈이 움푹 들어가 서구인과 닮은 특징이 있다. 메이지유신 이후 농토 개척을 위한 이주가 시작되며 일본 본토 민족이 살게 된 곳이다. 이들 아이누족은 1800년대 말 소수민족 동화정책에 따라 아이누족의 언어와 관습을 금지당하는 차별에 시달렸다. 이후로도 알게 모르게 일본 민족에 의해 차별을 당해왔던 터라 홋카이도에 대한 자치권 부여를 반기는 이들도 적지 않았다.

그렇게 일본의 세 조각 분단은 태동되고 있었다.

257

41. 317 비밀부대의 무서운 실험

자치행정기구가 발족하면서 열도 내 독립운동 열기는 점차 식어갔다. 3곳의 자치행정기구는 모두 일본인으로 구성됐지만 총독부의 계획대로 절반이상이 친한파였다. 무늬만 자치권을 부여한 것이지 사실상 총독부의 배후조종을 받는 기구였다. 일본 민중들의 독립 열기는 식어가면서 일본 독립군의 무장 투쟁도 동력을 잃어갔다. 그렇지만 멈출 순 없었다. 카게닌자를 활용한 간헐적인 무장 공격이 이어졌다.

2044년 5.8 조치에 따른 열도 3 분리와 자치권 부여가 이뤄진 직후 동북아시아를 둘러싼 국제정세에 이상 기류가 포착됐다. 2020년 코로나 바이러스의 대습격 이후 시작된 경기침체 이후 문을 닫아 걸으면서 외부세계와의 단절을 꾀했던 것이 문제였다. 멕시코와의 국경 분쟁이 심화되면서 전쟁 위기로까지 치달았고 국내적으로는 심각한 인종갈등이 발생해 소요 사태가 이어졌다. 세계적인 경기 둔화 속에 코로나19 사태로 인한 국경폐쇄가 악재로 작용하면서 극심한 장기 불황의 그림자가 미국을 덮쳤다. 달러화는 점점 약세를 보이면서 국제 기축통화로서의 존재감을 상실하기 시작했다. 그렇게 미국 경제는 점차 잃어버린 20년을 보내게 되었다. 결국 미국은 이미 세계 슈퍼파워의 자리를 중국에 내주게 되고 말았다. 경제력은 7위로 전락했고 군사력도 중국과 러시아, 인도에 뒤진 지 한참 되었다. 통일을 앞둔 남북연합체제의 군사력보다 나을 것이 없을 만큼 추락한 상태였다. 잃어버린 패권을 찾으려는 미국에 맞서 중국과 러시아가 손을 잡으면서 국제 정세는 한 치 앞을 알 수 없는 불안정한 국면으로 치닫고 있었다.

언젠가는 전운이 몰려올 것이라는 전망 속에 대한민국 국방부에는 비밀부대가 창설됐다. 일명 317부대. 일본 독립군의 카게닌자에 대적할 전투로봇 개발과 더불어 언제 터질지 모를 핵전쟁과 생화학전에 대비한 각종 실험을 수행하는 부대였다.

2044년 7월 나고야.

방호복과 방독면을 착용한 317부대원들이 부대 내 실험실로 들어간다.

"마우스들 입장"

지휘관의 명령에 방문이 열리더니 속옷 차림의 남녀 8명이 3중 유리창 안의 공간에 들어선다.

"휴로, 실험실 입장"

인공지능이 탑재된 인간형 전투 로봇 '휴로'가 실험실로 들어간다.

"라듐 조사"

지휘관의 명령에 휴로가 실험실 내 상자에서 방사성 물질 라듐을 꺼내 실험 대상자들을 향해 쏜다.

이들 8명은 벌써 한 달째 매일 이런 실험에 이용되고 있다. 어제는 2시간 오늘은 1시간, 1주일 전엔 세슘 137, 2주일 전엔 스트론튬. 각종 방사성 물질이 어느 정도 노출되면 인체에 어떤 영향을 미치는지 인간 신체를 대상으로 확인하는 실험이었다. 장기간 노출로 피폭이 심화되면서 이들의 육체는 하루가 다르게 허약해져 갔다.

실험 4개월째에는 아예 핵물질 폭발 실험까지 실시됐다. 밀폐된 격납고에 실험 대상 인간들을 집어넣고 매우 작은 규모의 핵무기를 폭발시키는 실험이었다.

1945년 히로시마에 투하됐던 원자탄의 만 분의 1 규모 플루토늄탄을 폭발시키자 격납고 내부가 불덩이가 되었다. 고열로 인해 실험용 인간들의 살갗이 시뻘게지더니 곧바로 녹아내렸다. 살아있던 자들이 견딜 수 없는 고통에 울부짖다가 죽어가는 끔찍한 장면을 371 부대원들은 CCTV를 통해 무표정한 얼굴로 쳐다보고 있었다.

제2 실험실에서는 세균을 이용한 생물학 실험이, 제3 실험실에서는 각종 화학물질을 이용한 화학실험이 실시됐다. 모두 인간 생체 실험이었다. 실험 대상은 인간, 실험을 직접 실시한 것은 인공지능이 탑재된 휴먼로봇이었다.

심지어 살아 있는 어린아이의 장기를 꺼내 실험에 사용하기도 했다. 임산부의 뱃속에 구더기를 넣어 태아를 갉아먹게 하는 것처럼 차마 눈뜨고 볼 수 없는 야만적이고 비인간적 행위가 비밀 실험실에서 연일 벌어졌다. 그렇게 죽어나간 시신들은 해부되어 자세하게 기록되었다. 인간으로서는 도저히 할 수 없는 잔인한 행위였다.

생체실험에 이용된 사람들은 모두 일본 열도 출신자였다. 사형선고를 받고 복역 중이던 수감자, 무연고 노숙자가 주를 이뤘다. 이따금씩 전향하지 않는 독립운동가도 포함되었다.

청와대 습격 후 열도로 돌아와 이감응이 이끄는 추격조에 쫓기다 체포된 야쿠자 두목 야마구치 히데오도 이곳 317부대의 실험실에서 최후를 맞는다.

"야마구치! 폭력에 단련된 몸이니 더 오래 견딜까 한 번 실험해보자"

지휘관이 조롱하듯 내뱉자 휴먼 로봇들이 그의 팔뚝에 주사를 놓는다. 주삿바늘을 빠져나온 세균은 그의 혈관을 따라 돌며 급속도로 증식, 순식간에 온몸에 번지며 혈관은 물론 위장, 식도, 뇌에까지 세균이 침투한다. 결국 눈코입귀 그리고 항문으로까지 번식한 세균이 빠져나오며 야마구치의 얼굴은 흉측하게 일그러진다.

"닛뽄 반자이!" 일본 만세를 외치고 야마구치는 숨을 거두었다.

10개월에 걸쳐 이렇게 생체실험에 이용된 자가 3천 명을 넘었다. 그 가운데 절반이 송장이 되어 실험실 뒤편 소각장에서 태워졌다. 재만 남은 채.

42. 최후의 저항: 롯카쇼무라 핵을 탈취하라!

1944년 9월 중순 도쿄

9월 중순이었지만 도쿄는 여전히 뜨거웠다. 밤에도 열대야가 기승을 부리고 있었다. 오키나와와 홋카이도는 자치권 부여 이후 아예 독립운동의 동력이 상실됐다는 소식이 들려왔다. 규슈와 혼슈에서만 독립 투쟁이 벌어지고 있었는데, 횟수나 규모 면에서 상당히 축소되어가고 있었다.

"이대로 포기할 수는 없어요. 독립의 꿈을 저버려서는 안 됩니다. 비록 저들의 회유와 획책에 열기는 다소 식었지만 여전히 우리 독립군을 지지하고 힘을 보태려는 이들이 적지 않습니다. 저들에게 치명상을 줄 대규모 작전을 수행해야 합니다"

비장한 각오를 담은 목소리의 주인공은 나가노 유키오였다. 이미 아끼던 장수 두 명을 잃은 그였기에 그에겐 한이 맺혀 있었다. 아키야마 스케베 사령관은 청와대 습격작전에서 전사했고 야마구치 히데오 또한 경찰에 잡

263

힌 뒤 317부대에 끌려가 생체실험 끝에 개죽음을 당했으니 그럴만도 했다.

자생적으로 설립된 자칭 일본 독립군 총사령관 코우한즈와 기타미치군 사령관 카나사친에게는 더 이상 나가오 유키오의 영향력이 직접 미치지 않았다. 열도의 3 분할 자치권 부여 후 조직력이 약화된 데다 조직원들 다수가 체포돼 철창신세를 지고 있었기 때문이었다. 나가노는 그래도 조직을 추슬러 총독부와 대한민국에 치명상을 주는 애국 애족 무장 투쟁을 감행해야 한다고 생각했다. 독립운동의 불길을 되살리는 길은 그것뿐이라는 게 나가노의 결론이었다.

"그렇게 해보자고요. 최후의 작전이라 생각하고 센 거 한 방 날려보자고요"

청와대 습격작전에서 살아남은 독립군 병사가 나가노에게 힘을 실어줬다.

"제가 전국에 흩어진 독립군을 모아보겠습니다. 헌데 어떤 작전을 수행하면 될까요?"

나가노가 한참을 생각하더니 입을 열었다.

"롯카쇼무라 점령"

"네? 그게 무슨 말입니까?

"롯카쇼무라를 점령해 핵물질을 탈취하고 그걸 한국인 거주지역에서 폭발
시키는 작전입니다"

아오모리현 롯카쇼무라의 핵폐기물 매립장에는 핵연료 재처리 시설과 우
라늄 농축 공장이 있었다. 나가노는 일본이 한국의 식민지가 되기 전 일부
과학자들이 그곳에서 미량의 핵물질로 핵탄두를 제조했다가 IAEA에 적
발됐던 사실을 떠올렸다. 당시 핵탄두를 만들었던 과학자의 신병을 확보
해 롯카쇼무라에 함께 간다면 핵무기를 손에 넣을 수 있겠다는 계산이었
다. 그것으로 도쿄 외곽 하치오오지의 한국인 집단 거주지역에 소량을 폭
파시켜 한국인들만 골라 살상 피해를 주겠다는 놀라운 작전이었다.

"그게 과연 가능할까요"

독립군의 물음에 나가노는 고개를 돌리며 답했다.

"불가능할 것도 없지요"

비밀 아지트 내 회의실에 정적이 흘렀다. 작전 디데이는 10월 1일로 정해졌다. 핵과학자 신병확보는 죽은 야마구치의 꼬붕들이 맡기로 했다. 롯카쇼무라 점령은 전사한 아키야마 사령관의 부하들의 몫이었다.

작전이 하루 앞으로 다가왔다.

2044년 9월 30일 D-1

43. 핵재앙 1초 전 -1

"오야붕의 원수를 갚고 말겠어"

317부대의 생체실험으로 희생된 야마구치 히데오. 그에게 충성을 맹세했던 넘버 2 이토 타로가 모습을 드러냈다. 이치가야 대청소 작전에서 진압군의 총탄에 맞아 사경을 헤매며 실종됐던 그가 돌아온 것이다.

나가노는 야윈 모습으로 돌아온 이토를 반갑게 맞았다.

"아니, 이게 얼마 만입니까? 용케도 살아계셨군요"

"거의 죽다 살아났오. 내 비록, 야쿠자로 살아왔지만 오야붕의 원수를 갚고 조국 일본에 도움이 되는 일이라면 뭐든지 하겠소. 내게 임무를 맡겨주시오"

"마침 비밀 작전을 이끌어줄 사람이 필요했는데 잘 됐군요"

"무슨 작전이오?"

"과학자 한 분을 모셔와 주셔야겠습니다"

"과학자?"

나가노는 은퇴한 핵과학자 요시하라 타로가 필요했다. 노벨 물리학상 수상자의 수제자로 일본 핵물리학자 중에서 다섯 손가락에 꼽는 전문가였다. 과거 일본이 핵폐기물을 활용한 핵무기 제조 실험을 극비리에 추진하다가 IAEA, 국제 원자력기구에 적발돼 중단한 적이 있는데 그 비밀 연구팀에서 활동했던 자였다.

"요시하라 타로 박사를 은밀하게 모셔와 주세요"

"알겠소"

이토 타로는 즉시 꼬붕 두 명과 함께 행동에 나섰다.

도쿄 네리마구의 한 저택, 정원수의 가지치기를 하던 요시하라 박사 앞에 이토가 나타났다.

"요시하라 박사. 나가노 일본 독립단장의 지시로 박사를 모시러 왔소. 함께 갑시다"

"독립단장이? 아니, 무슨 일로 이 늙은이를?"

"가 보면 알 것이오"

반쯤 협박하는 어투에 요시하라는 겁먹은 표정을 지었다.

마지못해 끌려가듯 승용차에 태워진 요시하라는 안대로 눈이 가려진 채 그날 밤 나가노의 요코하마 비밀 아지트에 도착한다.

"먼길 오시느라 수고 많으셨습니다. 박사님"

"이 늙은이를 보자는 이유가 뭐요?"

"일본의 독립을 위해 박사님의 도움이 꼭 필요합니다. 조국의 해방을 위해 함께 힘을 보태주십시오"

설명을 듣고 난 요시하라는 고개를 가로저었다.

"그건 테러잖소? 무차별 살상"

"무장 투쟁 없이 일본이 독립할 길은 없습니다. 저들에게 우리의 의지를 드러내고 치명상을 입히지 않는다면 우리는 영원히 그들의 식민지 국민에서 벗어나지 못할 것입니다. 그러니 제발 저희에게 힘을 보태주십시오"

"그렇다고 무차별 살상에 내가 동참하는 일은 과학자의 양심을 갖고 할 수 없는 일이오"

이토가 끼어들었다.

"박사의 부인과 자녀들의 목숨이 내 부하들의 손에 달려 있다는 사실을 망각하지 마시오"

겁박이었다. 가족을 인질로 협박을 받자 도리가 없었다. 요시하라는 고개를 떨궜다.

다음 날 새벽, 롯카쇼무라 핵폐기물 저장소에 요시하라를 포함한 나가노 일당이 침투한다. 롯카쇼무라는 포화상태에 이르러 폐쇄된 채 방사능 누출사고 감시반만 활동하고 있었으므로 침투는 어렵지 않게 이뤄졌다. 더구나 나가노 일당에게는 카게닌자 10호 파리가 있었다. 일당이 안전하게 침투할 수 있도록 중앙제어실에 소리 없이 날아들어가 CCTV를 모두 끄는 임무를 완벽히 수행한 것이다.

요시하라는 옛 기억을 되뇌었다. 사용 후 핵연료를 활용해 극소량의 핵무기 원료만 만드는 것이 목적이었기에 그리 어려운 일은 아니었다.

닷새가 흘렀다.

"다 되었소. 이것은 소형이지만 폭발하면 반경 20km 내에 영향을 미칠 것이오. 모든 생명체는 물론 웬만한 건물도 다 파괴되는 엄청난 위력을 발휘할 것이오. 내 아내와 자식들의 목숨을 위해 만들긴 했지만 부디 쓰이는 일이 없기만을 바라겠소"

요시하라 박사가 눈시울을 적시며 떨리는 목소리로 말했다.

소형 핵폭탄의 설치 장소는 도쿄도 서북쪽 한국인 밀집지역 하치오오지시, 한국인들이 애용하는 대형 쇼핑몰 '아에라'였다. 핵폭탄 설치는 전사한 독립군 사령관 아키야마 스케베의 부하들이 맡았다.

"폭파 시한은 1시간으로 세팅하고 모두들 신속하게 하치오오지를 빠져나와야 합니다. 아마 요코하마 도착 전에는 폭발할 것이니 방화복과 마스크는 챙겨가십시오"

나가노가 이토와 8명으로 구성된 부대원들에게 명한다.

"동지들의 오늘 작전이 일본의 운명을 바꿔놓을 겁니다. 다들 몸조심하십시오"

"우리 걱정은 마시오. 그럼"

이토가 부대원들을 이끌고 곧바로 하치오오지시로 향한다. 인간형 로봇 카게닌자 5호도 작전에 투입됐다.

1944년 10월 10일 정오

쇼핑몰 청소원으로 위장한 독립단 대원 8명과 카게닌자 5호가 지하주차 장에서 화물 엘리베이터를 타고 꼭대기층으로 이동, 다시 계단을 이용해 옥상에 도착한다. 한 대원이 가방에서 조심스럽게 핵무기를 꺼내 옥상 냉 각탑에 부착한다. 60분으로 세팅된 타이머, 온 버튼을 누르자 숫자가 움 직인다. 59분 59초, 58초, 57초...

이토와 대원들이 분주히 움직인다.

평화로운 쇼핑몰엔 여느 때처럼 쇼핑객들로 붐빈다. 유아 용품을 보러 유모차를 끌고 나온 엄마, 런치를 즐기는 젊은 남녀, 문회센터를 찾은 중장년층. 모두 반도 출신의 한국인들이다. 모두 밝은 표정이었다. 한 시간 후 어떤 일이 벌어질지 상상하지 못한 채.

44. 핵재앙 1초 전-2

핵폭탄 설치를 마치고 서둘러 지하주차장으로 내려온 이토와 부대원 8명이 승합차에 타고 쇼핑몰을 빠져나간다. 주차장 출구를 통해 나와 우회전, 네거리를 지나려는데 어디선가 사이렌 소리가 울려온다.

"삐요 삐요 삐요 삐요"

이감응이 지휘하는 경찰 특수 기동대원들이다. 생화학전에 훈련된 인간형 전투로봇들도 섞여 있다.

"저놈들 어서 잡아"

이감응이 소리친다.

기동대 차량이 네거리를 막아서자, 이토 일당의 승합차가 후진, 도주한다. 공중에서는 경찰의 공륙양용 특수차량이 날며 승합차를 쫓는다. 특수 기동대 차량과 공륙양용 차량의 맹렬한 추격 속에 이토 일당의 승합차는 도로를 시속 150km로 아찔하게 질주한다. 자율주행 모드는 더 이상 작동할 수 없다. 일당 중 한 명이 수동 모드로 전환, 직접 운전대를 잡는다. 장갑차 모양의 기동대 특수 차량에서 총격이 시작된다.

"다다다다! 다다다다!"

이리 흔들, 저리 흔들 달아나던 이토 일당의 승합차에 총탄 세례가 빗발친다. 뒷유리창이 산산조각나고 우측 뒷문에 구멍이 벌집처럼 뚫린다. 이쯤 되니 이토 일당도 가만있을 수 없다. 레이저 소총으로 응사한다.

"두두두두 두두두두"

"폭발물 제거반은 즉시 쇼핑몰로 진입해 제거 작전 수행해"

이토 일당 추격 작전과 동시에 이감응은 핵폭탄 제거 작전을 명한다. 폭발물 제거반이 신속히 쇼핑몰에 도착, 옥상으로 향한다. 그러는 사이 총격전은 더 치열해지고 양쪽에서 사상자가 발생, 헬리콥터 저격병이 발사한 레이저 빔 박격포에 이토 일당의 승합차가 명중되면서 승합차가 공중으로 솟구친다.

"으아!"

카게닌자 5호는 두 동강이 났다. 여기저기서 신음소리가 새 나온다. 차창 밖으로 튕겨져 나온 이토의 정신이 멍하다. 눈을 게슴츠레 뜬 그의 앞에 한 사내가 두 다리를 쫙 벌리고 서 있다. 어디선가 본 듯한 얼굴. 흐렸던 초점이 맑아지면서 그의 얼굴이 선명해진다.

"야, 이토. 이 새끼, 드디어 잡았구나"

나석이파 넘버 3 이도관이었다.

"아니, 넌?"

"그래 나다, 이도관. 내 형님들과 동생이 너희 야쿠자들 손에 당했는데, 내가 어찌 편하게 눈을 감을 수 있겠냐. 이봐, 이 새끼 무릎 꿇려"

이토가 이도관 앞에 무릎을 꿇었다.

"내 오늘 너를 황천길로 보냄으로써 원수를 갚아주마!"

이도관이 권총을 꺼내 들고 이토의 머리통에 총구를 들이밀었다.

같은 시각 아에라 쇼핑몰 옥상에서는 핵폭탄 제거 작전이 펼쳐지고 있었다. 타이머가 가리키는 시간은 9분 58초.

"이건 암호를 넣어야 타이머가 해제되는 폭탄입니다"

폭발물 제거반으로부터의 보고였다. 이감응이 이도관에게 무전을 친다.

"이봐 도관이, 지금 당장 이토한테 폭발물 해제 암호를 받아내. 시간이 없어. 서둘러"

무전을 들은 이도관. 표정이 일그러진다.

"이놈, 목숨이 끈질기구나. 암호를 대. 어서!"

이도관이 이토의 멱살을 잡고 뒤흔든다. 이토의 표정이 밝아진다.

"이제 얼마 후면 하치오오지는 쑥대밭이 될 거야. 너나 나나 모두 저세상 사람이 되는 거지. 살길은 10분 안에 멀리 달아나는 것밖에 없어. 가급적 멀리 말이야"

"어서 해제 암호를 불어 이 새꺄"

이도관이 이토의 불알을 움켜잡고는 악력을 다해 쥐었다. 이토에게는 고환이 터지는 듯한 고통이 밀려왔다. 이토의 입에서 핏물이 흘러나왔다. 혀를 깨물었던 것이다.

째깍째깍, 타이머는 한 치의 오차도 없이 폭발 예정시간을 향해 흐르고 있었다. 남은 시간은 이제 1분 29초.

"이 새끼, 어서 불지 않으면 너나 나나 여기서 다 개죽음 당한다고. 빨리 말해 이새꺄!"

입이 바짝 마른 채 이도관이 다그쳤다. 그래도 이토는 입을 열지 않았다. 타이머는 어느덧 30초를 가리키고 있었다. 폭발물 해체반원들은 속이 타 들어갔다. 눈 앞이 캄캄해졌다. 해제 비밀번호를 받지 못하면 그대로 핵폭 탄과 함께 흔적도 없이 사라질 판이었다. 그렇게 숨을 헐떡이며 긴장의 땀 이 등골을 적시는 시각에도 타이머의 붉은 초시계는 돌아가고 있었다. 이 도관이 이토의 불알을 한 번 더 힘세게 움켜잡았다.

"어서 비밀번호를 말하란 말야!"

하지만 이토는 이를 악물었다.

째깍째깍,

이도관과 기동대원들은 맞춰진 손목시계가 제로가 되는 것을 확인하고 고 개를 땅에 처박았다.

고요했다. 정적이 흘렀다. 굉음은 들리지 않았다. 버섯구름도 피어오르지 않았다. 모든 게 그대로였다. 지나가는 자동차도 사람들도.

타이머는 1초를 남겨놓고 멈춰 섰다. 해제반은 깊은 안도의 숨을 쉬었다.

해제 비밀번호를 알려준 건 요시하라 박사였다. 이대로 무고한 시민들을 대량 살상하게 해선 안된다며 감시가 소홀한 틈을 타 경찰에 신고했던 것이다.

이토가 쓸모없게 되자 이도관은 방아쇠를 당겼다.

"탕!"

이토의 한쪽 머리에서 핏줄기가 터져 나온다. 그리고 숨을 거둔다.

45. 한미 전쟁의 서막: 도쿄만 상륙 작전의 빌미

어렵사리 핵물질을 탈취해 핵폭탄까지 제조했지만 한국인 거주 지역을 초토화로 만들려던 작전이 실패하자 나가노는 고개를 떨궜다.

"미국에 도움을 요청하는 건 어떨까?"

나가노의 동경대 친구 이철훈의 제안이었다.

"미국에 도움을?"

"그래, 미국은 지난 백 년 간 일본과 굳건한 동맹관계를 유지해왔어. 비록 세계 최강대국 자리를 중국과 러시아에 내주긴 했지만 일본이 믿을 나라는 미국밖에 없잖아"

"과연 미국이 우리를 도와줄까?"

"일본이 한국에 먹히고 나서 미국 조야에서 일본을 어떻게 포기할 수 있느냐는 불만이 팽배했던 게 사실이야. 그리고 미국이 다시 과거의 패권을 찾아야 한다는 목소리가 미국 내에서 힘을 얻고 있고. 일본 독립단의 도움 요청은 미국에 동아시아 이권 개입에 명분을 제공해 주게 될 거야. 한국의 국력이 커졌다고는 하지만 북한과 완전 통일한 것도 아니고 저쪽도 불완전체니까 신속한 대응은 쉽지 않을 테고 현재로선 미국이 군사개입을 할 거란 생각은 꿈에도 못 할 거야"

이철훈의 차분한 설명에 나가노가 왼손 엄지와 중지를 튕기며 핑거스냅 소리를 울렸다.

"그래, 그 수밖에 없겠군. 우리 힘만으로는 도저히 현 상황을 타개할 수 없으니 말이야. 도움을 요청하되 미국의 군사 개입에 명분을 줄 만한 사건을 하나 만들어야겠어"

나가노의 머릿속이 복잡하게 회오리쳤다.

1944년 10월 17일 주일 미국 대사관

석 달 전 부임한 탐 코이시 대사가 이철훈과 마주 앉았다.

"나가노 유키오 일본 독립단장이 보내서 왔다고요?"

코이시 대사가 이철훈과 악수를 나누자마자 물었다.

"그렇습니다"

"무슨 일로?"

"불행하게도 일본은 국권을 상실해 나라를 한국에 빼앗겼습니다. 그러나 일본인들이 영혼까지 한국에 내주지는 않았습니다. 여전히 수많은 일본인들이 독립의 열망을 불태우고 있습니다. 무장 투쟁도 수없이 벌여왔습니다. 하지만 바위에 계란 던지기입니다. 일본인들 만의 힘으로는 버거운 싸움입니다. 미국과 일본은 지난 백 년간 굳건한 동맹관계를 유지해왔습니다. 일본 독립단은 미국의 도움을 간절히 원하고 있습니다. 미국과 일본이 힘을 합쳐 대한제국주의를 물리치고 패권을 되찾아야 한다는 게 나가노 단장의 생각입니다"

"한데, 당신은 한국인이잖소? 왜 한국인이 일본 편에 서는 것이오?"

의아한 듯 대사가 묻자 이철훈이 비장한 목소리로 말한다.

"나는 물론 대한민국 국민이지만 한 나라가 이웃 나라를 무력으로 침략해 지배하는 것을 반대하는 사람입니다. 일본이 과거 한국의 주권을 빼앗아 36년간 지배했다고 해서 지금 한국의 일본 통치가 정당화될 수는 없습니다. 한국 정부는 과거 자신이 당했던 것을 잊은 채 지역의 평화를 깨고 있습니다. 제대로 된 국가라면 이래선 안됩니다. 한국인 중에 나 같은 사람이 있어야 일본의 독립과 아시아, 세계의 평화가 이뤄질 것이라는 확신을 갖고 있습니다"

"음... 사실 나도 미국인이지만 내 몸에는 일본인의 피가 흐르고 있소. 그만큼 일본에 대한 애정을 갖고 있습니다"

그랬다. 탐 코이시 대사는 일본계였다. 고조부 때 이주한 일본계 집안에서 태어나 도중에 일부 백인의 피가 섞이긴 했지만 틀림없는 일본계였다.

"뿐만 아니라 미일동맹의 중요성을 그 누구보다 잘 아는 사람이오. 사실 본국 정부도 한국의 일본 지배에 동의하지 않고 있소. 그리고 이 상황을 뒤집을 기회를 엿보고 있소"

이철훈이 반색했다.

"그렇다면 미국 정부와 일본 독립단이 힘을 합칠 수 있다는 말씀이죠?"

"본국과 협의하겠소. 오늘 나눈 이야기는 극비에 부쳐야 합니다. 새 나갈 경우 한국의 방해공작이 있을 게 분명하니"

"물론입니다"

이철훈은 탐 코이시 대사와 나눈 이야기를 곧바로 나가노에게 전했다.

"그거 잘 됐군. 철훈이 수고 많았어"

이틀 뒤 요코스카

주일 한국군 부대원들이 기지촌 스트립바에서 술을 마시고 있었다. 일부 병사들은 만취상태가 되어 스트립걸 한 명을 거칠게 희롱했다.

"헤이, 양키 걸! 내하고 프라이빗 댄스 춰야지"

상병 하나가 치근덕거리자 비키니 차림의 미국인 스트립걸이 쌀쌀맞게 코웃음을 친다.

"이 가시내 뭐라카노? 안 춘다는 기가? 이런 싸가지 없는 년을 봤나?"

상병이 스트립걸의 뺨을 후려갈긴다.

"아! fuck you!"

"뭐? 뻑큐~!? 이기 미쳤나?"

자존심에 상처 받은 상병이 스트립걸을 패대기치고는 짓밟는다.

그러자 우람한 체격의 미국인 매니저가 달려와 제지한다. 이 과정에서 몸싸움이 벌어진다. 주먹다짐이 오가던 중 미국인 매니저가 피를 흘리며 쓰러진다. 상병이 바지춤에 있던 나이프를 꺼내 찔렀던 것이다.

미국에서는 요코스카 기지촌에서 발생한 한국군 병사의 미국인 살해사건이 보도되면서 반한 감정이 폭발하기 시작했다. 한국군은 우발적 사고일 뿐이라며 상병의 신병인도를 거부했고 한국 경찰도 수사에 소극적이었다.

나가노는 쾌재를 불렀다. 곧바로 탐 코이시 대사에게 전화를 건다.

"지금이 때인 것 같습니다. 미국이 군사 행동에 나설 때 말입니다. 우리 독립단이 사전 정지 작업을 하겠습니다"

미국은 극비리에 군사작전을 준비한다.

도쿄만 상륙작전.

한미 전쟁의 서막은 그렇게 올랐다.

46. 역공당한 미군

1944년 11월 3일 태평양

미국의 군사작전은 신속하게 전개됐다. 태평양을 순회 중이던 핵추진 항공모함 제럴드 포드 3호가 일본을 향해 전속력으로 질주했다. 그 위에 탑재된 최첨단 무인 전투기 80대는 출격 명령만을 기다리고 있었다. 전투기는 모두 항모에서 원격 조정이 가능한 시스템이었다.

미국은 자국민 피살사건을 빌미로 일본을 침공해 한국을 일본 열도에서 몰아내고 독립단장 나가노를 앞세워 아시아에서의 패권에 다시 도전하고자 했다. 잃어버린 20년을 극복하고 과거의 슈퍼파워 자리를 되찾겠다는 강렬한 의지를 불태웠다.

"저게 뭐지? 미국 항모 움직임이 심상치 않습니다"

위성으로 미국 항모의 실시간 움직임을 관찰하던 대한민국 공군사령부에 비상이 걸렸다.

"뭐라고?" 당장 국가안전보장회의를 소집하시오"

취임 2년 차를 맞은 임욱화 대통령이 국방장관의 보고를 받고는 긴급회의를 지시했다. 청와대 지하 벙커 움직임이 긴박해졌다.

"아무래도 미국이 전쟁을 하려고 하는 것 같습니다. 항공모함 제럴드 포드 3호가 도쿄를 향해 달려오고 있습니다. 저희가 파악한 첩보에 따르면 미군이 도쿄만 일대를 공습하고 사단 병력의 대규모 상륙 작전을 수립해놓았다고 합니다"

"도대체 이유가 뭐란 말이오?"

임욱화 대통령이 물었다.

"일본 독립단의 사주를 받은 미국이 일본 해방을 명분으로 동아시아에서의 영향력을 회복하려고 하는 것으로 보입니다"

국안안보실장이 힘주어 답하며 말을 이었다.

"우리가 선제공격을 해야겠습니다. 가만히 있다가 당할 바에야 미국을 먼저 쳐서 기선을 제압하는 게 좋겠습니다"

대통령이 눈을 지그시 감는다.

"선제공격이라? 어떻게?" (대통령)

이번엔 국방장관이 나섰다.

"대통령님, 하와이와 괌에 미사일을 쏴서 경고를 하는 겁니다. 미 항모가 태평양 앞바다에 도착하기 전에 말입니다"

"좋소. 곧바로 북부사령관에게 지시하시오"

의사결정은 신속히 이뤄졌다. 명령을 받은 김형후 북부사령관은 곧바로 동창리 미사일 발사장에 화성 25형 ICBM (대륙간 탄도미사일) 발사 준비를 명한다. 미사일 발사대에 미사일이 거치되고 컨트롤 타워 내 레이더 상황판에서 미사일의 타격 목표지점은 괌과 하와이로 설정된다.

"대통령님, 발사 준비 완료됐습니다"

국방장관의 보고에 임욱화 대통령이 눈을 지그시 감았다 뜬다.

"쏘시오"

"네, 대통령님"

국방장관이 전화기를 들고는 외친다.

"발사!"

순간 거치됐던 미사일들이 차례로 불을 뿜더니 하늘로 치솟는다. 이윽고 하와이와 괌에 미사일이 쏟아지며 미군 부대와 관청가가 초토화된다. 두 섬이 쑥대밭이 되는 사이 일본 열도를 향해 북서진하던 제럴드 포드 3호에 긴급 출격 명령이 떨어진다. 항모에 탑재됐던 최첨단 무인 전투기들이 차례로 출격한다. 폭탄을 가득 실은 채.

미군은 비밀리에 기습공격을 하려다 되레 엉뚱한 곳을 선제공격당하자 적지 않게 당황했다. 당한 것 이상으로 요코스카 기지를 쑥대밭으로 만들어 줘야겠다고 전의를 불태우며 원격 조종사들은 전투기를 몰았다. 탱크에 채운 연료가 출격 후 항모까지 돌아올 때까지 겨우 버틸 수 있는 거리였지만 그들은 개의치 않았다.

도쿄만으로 향하는 길에 마주칠 상대는 상상도 하지 못한 채.

47. 이오지마 상공 교전

항공모함 제럴드 포드 3호에서 출격한 전투기 80대가 굉음을 내며 도쿄와 요코스카, 요코하마, 아타미, 치바 일대를 향해 날아간다. 도쿄를 중심으로 한 수도권 일대의 군사시설과 총독부를 비롯한 각 관공서, 방송사 등을 파괴하고 대규모 지상군 상륙작전을 도모하기 위한 공습이 목적이었다.

제럴드 포드 3호 뒤편에는 지상군 2만 명과 전차, 헬기 등 각종 군수물자를 실은 군함 2백여 척이 뒤따르고 있었다. 출격 3시간 만에 선두를 날던 미 전투기 원격 조종사 눈에 도쿄 남쪽 1000km 오가사와라 제도의 안개자욱한 이오지마가 들어왔다. 조종사 시야에 포착된 건 섬뿐이 아니었다. 섬 위를 가득 메운 채 미 공군 전투기들을 향해 돌격하는 수많은 비행체들이 안개를 뚫고 서서히 모습을 드러냈다. 오성홍기가 그려진 중국 인민해방군 전투기들이었다. 미군의 움직임을 사전에 포착했던 중국이 선수를 친 것이었다.

산동반도 칭다오와 난징에서 출격한 중국 전투기들은 안개가 걷히길 기다렸다는 듯 미군 전투기들을 향해 일제히 불을 뿜기 시작했다.

"두두두두 두두두두"

"슈웅! 슈웅!"

총탄과 미사일, 레이저빔이 쉴 새 없이 날아든다.

"여기는 선발 비행단, 중국 공군의 기습이다. 갑작스러운 공격에 아군기들
이 추락하고 있다. 으악!"

한 조종사가 상황을 보고하다 자신도 모르게 소리를 지른다. 비록 원격 조
종 중이었지만 자신의 전투기가 미사일을 맞고 추락하는 것은 자신이 전
사하는 것과 마찬가지로 느껴졌다. 전혀 예상치 못한 기습 공격에 미군 전
투기들이 맥없이 추락한다. 시뻘건 화염에 휩싸인 채, 시커먼 연기를 쏟아
내며 줄줄이 태평양 바다로 곤두박질이다. 선발 비행 전투 대대가 당하자
뒤따르던 전투기 본진이 나선다.

"당황하지 말고 적기를 궤멸시키자!"

비행단 지휘관이 소리를 질렀지만 역부족이었다. 중국 전투기는 3백 대를 훨씬 넘었다. 수직으로 압도적 우위였다. 미 전투기들의 움직임을 사전에 알고 기습 작전에 나섰던 터라 당해낼 재간이 없었다.

"동서로 갈라져 적기를 분산시킨다"

미군 지휘관의 명령에 전투기들이 동서로 갈라진다. 마치 아바타처럼 항모 내에서 전투기를 모는 조종사들의 움직임에 전투기들이 따라 움직인다.

중국 전투기들은 일제히 서쪽으로 방향을 바꾼 미 전투기들을 쫓는다. 동쪽으로 방향을 튼 미 전투기들이 의아해하는 사이 옅은 안갯속에서 다른 무리의 전투기들이 모습을 드러내며 미사일 공격을 감행한다. 캄차카 반도와 극동 러시아군 기지에서 출격한 러시아 공군 전투기들이었다. 돌발 상황에 미군 조종사들은 정신을 차리지 못한다.

"what the fxxx is going on?"

미군 조종사들의 어이없는 탄식과 함께 전투기들이 하나둘씩 추락한다. 30여 분간 쫓고 쫓기는 교전이 오가사와라 제도 일대 상공에서 지속되는 동안 일대 바다는 화염과 기름띠로 얼룩지기 시작했다. 폭발한 전투기 잔해가 바다를 뒤덮었다. 중국과 러시아 전투기들의 협공을 받은 미 전투비행단은 결국 전멸하다시피 했다.

미국 전쟁 사상 가장 비극적이고 치욕적인 전투로 기록되는 순간이었다.

48. 3차 세계대전

상황을 파악한 제럴드 포드 3호 지휘부는 충격과 혼란에 빠졌다. 항공모함과 그 뒤를 따르는 함대에 비상이 걸렸다. 일제히 사이렌이 울리고 전투 준비령이 내려졌다. 대공포와 토마호크 미사일 발사 준비가 갖춰졌다. 중국과 러시아 전투기들의 공격에 대비하기 위함이었다.

중국과 러시아의 개입의 빌미는 이랬다. 중국 정부는 오키나와 (옛 류큐왕국)와 댜오위다오 (일본명 센카쿠 열도)에 대한 영유권을 주장하며 미국의 침공 시도를 사전에 파악, 선제 대응한 것이라고 밝혔다. 러시아는 홋카이도 북부 쿠릴열도의 이익을 미국이 침해할 것을 우려해 자위적 조치를 취한 것이라 입장을 발표했다.

하지만 그것은 그저 명분이자 빌미일 뿐이었다. 극동아시아 지역에서 미국이 다시 패권을 잡을 수 없도록 싹을 자르기 위함이었다.

미국 행정부와 의회는 발칵 뒤집혔다. 일본 주둔 한국 병사의 미국인 살인 사건에 대한 불만과 일본 독립단의 요청에 군사작전을 감행하려 엄청난 피해를 당하고 국제적 망신만 당한 꼴이 되었기 때문이다. 미국 정부는 한국의 불법적인 일본 지배를 중단시키고 억압받는 일본 민중을 해방시키기 위한 군사작전을 중국과 러시아가 훼방했을 뿐 아니라 자국에 대한 무력 공격을 감행한 것은 국제법 위반이며 대량 학살과 다름없는 행위라고 비난했다. 그러면서 유럽 국가들을 상대로 군사적 협력을 촉구했다.

하지만 반응은 싸늘했다. 프랑스와 이탈리아, 스페인, 독일은 참전하지 않겠다는 뜻을 밝혔다. 냉정한 국제사회의 질서를 반영한 태도였다. 날개 잃고 추락하는 독수리 편을 더 이상 들 수 없는 노릇이었다. 지원 의사를 밝힌 건 영국뿐이었다.

예상치 못한 상황에 놓인 한국은 미영 연합군의 대규모 군사 공격이 예상되는 마당에 중국, 러시아와 손을 잡지 않을 수 없었다. 3차 대전은 이렇게 한중러 대 미영 연합군의 구도로 짜이게 됐다.

앞서 미군 전투기를 궤멸시킨 중국, 러시아 전투기들은 이오지마 상공에서 공중급유기를 통해 연료를 보충하고 미 항공모함을 칠 준비를 했으나 각각 회항하라는 본국 명령을 받고 기지로 귀환했다. 본격적인 3차 대전이 핵전쟁으로 치닫게 될 줄은 짐작도 못한 채.

49. 3국 동맹회의

2044년 11월 7일.

이오지마 상공 전투 나흘 뒤에 한중러 3국 정상이 도쿄에 모였다. 총독부 삼각 테이블에 임욱화 대통령과 리샤우칭 중국 국가 주석, 네브라스키 유틴 러시아 대통령이 자리했다. 먼저 임욱화 대통령이 말문을 열었다.

"미국이 영국과 연합해 우리 세 나라에 대해 선전포고를 한 것은 매우 유감스러운 일입니다. 우리 3국이 힘을 합쳐 동아시아의 평화를 지켜야 할 것입니다"

리샤우칭 주석이 받았다.

"그렇습니다. 미국은 아시아에서는 물론 중동 지역에서조차 힘을 잃고 오로지 북미와 일부 유럽 지역에만 영향력을 갖고 있는 2등 국가로 전락한 지 오래인데, 다시 아시아를 넘보다니 괘씸하기 짝이 없습니다. 이번 기회에 다시는 일어설 수 없게 아예 3등 국가로 만들어야 합니다"

이번엔 네브라스키 유틴 러시아 대통령이 말을 이었다.

"미국의 이번 대한민국 영토 침공 시도는 동아시아를 유린하려는 용납 못할 범죄행위이자 국제질서에 대한 도전행위입니다. 러시아와 중국이 이를 사전에 감지하고 물리쳤지만 영국과 손을 잡은 미국은 캐나다까지 끌어들여 전선을 확대하고 있습니다. 우리 3국이 동맹을 맺고 세계 평화를 수호해야 합니다"

3국 정상의 의지는 단호했다. 미국의 패권 부활을 용납할 수 없으며 도전에 반드시 큰 대가를 치르게 해줘야 한다는 데 의견을 같이 했다.

평화 유지를 내세웠지만 각자 계산이 있었다. 대한민국으로서는 우선 일본 식민지배를 유지하는 것이 관건이었다. 미국의 침공으로 일본 열도를 내줬다가는 십여 년 공든 탑이 무너지게 된다. 중국과 러시아는 각각 영토 확장이 속셈이었다. 중국은 옛 류큐왕국을 복속시켜 과거의 영광을 재현하고, 댜오위다오에 대한 영유권을 되찾으면서 나아가 규슈까지 차지하고자 하는 욕심이 깔려 있었다. 러시아 또한 쿠릴 열도를 온전히 지배하겠다는 것과 함께 이참에 어획량과 가스전 개발을 위해 홋카이도를 먹겠다는 속셈이었다. 이런 속셈을 모를 리 없는 임욱화 대통령이 고심 끝에 말을 꺼냈다.

"일본 열도는 1500년 전부터 한국의 영향권에 있었던 지역입니다. 한자와 불교문화는 물론이거니와 철기문화도 전수해주었습니다. 백제계와 가야계 왕족이 일본으로 건너가 정착했고 천황계에 한국인의 피가 흐르고 있다는 것도 널리 알려진 사실입니다. 그러나 20세기를 전후로 일본의 야만적인 행위로 불행한 역사가 있었지만 10여 년 전에서야 이를 바로 잡았습니다"

임욱화 대통령은 한국의 일본 지배 당위성을 역설하고 있었다.

"그러나 미국의 침공 위협이라는 위기 국면에서 작금의 동아시아 평화체제가 무너질지 모른다는 우려가 있습니다. 미국의 패권이 살아나면 중국과 러시아 또한 정세 불안에 시달릴 수밖에 없을 겁니다. 우리 세 나라가 서로 윈윈 할 수 있는 방안을 제안합니다"

임욱화 대통령의 제안은 이랬다. 한중러 3국 동맹군이 미영캐 연합군과

전쟁을 벌여 승리할 경우

1. 대한민국은 그 대가로 오키나와와 규슈를 중국에, 쿠릴열도와 홋카이도를 러시아에게 할양한다.

2. 대신 미국령 하와이와 괌, 알래스카에 대한 대한민국의 지배권을 중국, 러시아가 인정한다.

3. 미국 본토는 면적 기준 3 분할하여 한중러 3국이 지배한다.

중국과 러시아 정상의 눈이 휘둥그레졌다. 손해볼 것이 전혀 없는 제안이었다.

3국 정상은 비밀 각서에 서명하고 악수를 나눔으로써 3국동맹은 체결되었다.

50. 눈에는 눈 이에는 이 핵에는 핵

2044년 11월 13일

3국 동맹 체결 소식을 들은 미국은 조급해졌다. 대통령의 재가 아래 알래스카 전략사령부에 핵미사일 발사 준비령이 내려졌다. 핵탄두가 장착된 대륙간 탄도미사일은 서울과 베이징, 모스크바, 블라디보스토크 4개 도시를 겨냥했다.

알래스카의 핵미사일 발사 움직임이 포착되자 한중러 3국 동맹에도 비상이 걸렸다. 중국은 헤이룽장성 핵미사일 기지에서 워싱턴 D.C와 뉴욕을 타깃으로, 러시아는 블라디보스토크 극동 미사일 기지에서 샌프란시스코와 로스앤젤레스를 타깃으로, 대한민국 북부사령부 미사일 기지에서는 '싸드 5' 요격미사일 시스템이 가동됐다. 이제 누군가 핵 버튼만 누르면 미국과 유럽, 아시아의 주요 도시가 흔적 없이 파괴되고 수천 만의 사상자가 발생할 터였다. 방사능 낙진이 미사일 낙하지점 반경 200km 이상 퍼지며 주변 도시 기능도 모두 마비될 터였다.

헤이룽장성, 블라디보스토크, 알래스카, 동창리에는 각각 긴장감이 흐른다.

누가 먼저 버튼을 누를까,

지구의 종말을 앞당길지 모를 일촉즉발의 상황에 각 사령부 상황실엔 공
포의 침묵이 흘렀다.

51. 흔들리는 일본 독립의 꿈

그러나 그 누구도 핵 버튼을 쉽게 누를 수는 없는 노릇이었다. 누군가 먼저 누를 경우 조건반사 신경처럼 모두 핵미사일을 날릴 것이 분명하기 때문이었다. 그렇게 핵 대치는 지속되었다.

2044년 12월 5일 도쿄 독립단 비밀 아지트

전쟁 상황을 지켜보던 나가노가 암울한 표정으로 이철훈에게 말한다.

"이봐 철훈, 이제 희망이 없네"

"그게 무슨 말이야?"

"일본 독립을 위해 지구의 멸망을 방관할 수 없지 않나?"

나가노는 이러다 공멸할 것이라 생각했다. 나가노는 즉시 탐 코이시 주일 미국대사에게 전화를 건다.

"대사님, 저 나가노입니다. 일본 독립은 포기하겠습니다. 부디 핵전쟁을 막아주십시오"

"나가노 단장, 이미 엎질러진 물이오. 일본 독립을 포기한다고 해서 이 전쟁이 멈춰지지는 않소. 핵전쟁은 막아야겠지만 일본 독립의 꿈을 저버리지는 마시오. 당신의 결단에 1억 일본인들의 미래가 달려 있다는 걸 잊지 마시오. 내 몸에 일본인의 피가 흐르고 있다는 사실도"

나가노의 머릿속이 혼란해졌다.

"도대체 어찌해야 한단 말인가? 일본의 해방과 세계 평화를 동시에 이루어낼 방법은 무엇이란 말인가?"

2044년 12월 24일

성탄 전야였다. 고요했다. 교회와 성당에선 아기 예수의 탄생을 앞두고 거룩한 성가가 메아리쳤다. 핵 시계는 40일 넘도록 째깍째깍 돌아가고 있었다.

이오지마 상공 전투 이후 전쟁은 소강상태였지만 세계 경제는 파탄 상태였다. 언제 터질지 모를 핵전쟁의 위기 탓에 전 세계 증시는 폭락에 폭락을 거듭했다. 유가는 하늘 무서운 줄 모르고 치솟았다. 핵무기가 겨냥하고 있는 도시에서는 부동산 가격이 폭락했다. 시민들의 사재기로 시중에 생필품은 바닥났다. 공장은 가동을 멈췄다. 모든 경제가 마비됐다.

부자들은 서울과 베이징, 모스크바, 블라디보스토크, 워싱턴, 뉴욕, 로스앤젤레스, 샌프란시스코를 떠났다. 그 도시들에서는 탈출 러시가 이어졌다. 전 세계에 대공황의 검은 구름이 몰려들고 있었다.

경제가 파탄으로 향해가자 전쟁 당사국 정치 지도자들에게는 국면을 전환할 돌파구가 필요했다. 가장 급한 건 미국이었다. 국내에서 반전 운동이 거세게 벌어진 영국과 캐나다가 미국과의 동맹을 느슨하게 하면서 전쟁에서 발을 빼려고 든 데다, 멕시코를 중심으로 한 중남미 국가들마저 영토 확장을 위해 호시탐탐 기회를 엿보고 있었기 때문이었다.

"대통령님, 미국이 전쟁 당사국 간 휴전 협상을 제의해왔습니다"

국가 안보보좌관의 보고에 임욱화 대통령이 고개를 돌리며 말한다.

"아직은 시기가 아닌 듯한데. 중국, 러시아 입장은 무엇이오?"

"중국과 러시아도 좀 더 시간을 끌어가는 게 유리하다고 판단하고 있습니다. 미국으로 가는 선박과 항공기를 모두 통제하고 있기 때문에 얼마 버티지 못할 것이란 판단입니다"

한중러 3국은 일단 미국의 휴전협상 제안을 물리쳤다. 나아가 대미 해상, 항공 봉쇄를 한층 강화했다. 미국 외 전 세계 모든 금융기관의 미국 계좌도 동결했다. 그야말로 미국의 목줄을 죄면서 압박의 강도를 높여나가는 작전이었다. 코너에 몰린 미국은 점차 선택의 기로에 서게 되었다.

핵전쟁이냐, 항복이냐.

52. "Push the button!"

로이 페들러 미국 대통령을 더욱 궁지로 몰아넣은 건 국내 정세였다. 중국과 러시아의 자금 동결과 경제 봉쇄로 인한 경제 파탄 때문에 미국 국민들의 분노가 극에 달했다. 중국과 러시아에 대한 분노가 거셌지만 정부의 무능함에 대한 분노 또한 거셌다. 야당은 여당과 행정부에 대한 비난을 강화하며 강력한 대응을 촉구했다. 국민들은 반전과 호전으로 분열됐다.

한쪽에선 대화와 협상으로 상황을 타개하라고 했고 한쪽에선 군사력을 총동원해 맞설 것을 주문했다. 대통령 선거를 얼마 남겨두지 않은 상황에서 로이 페들러 대통령은 양단간의 결단을 요구받았다. 고심 끝에 로이 페들러 대통령이 굳은 표정으로 국방장관에게 명령한다.

"Push the button!"

53. 워싱턴 D.C를 초토화시킨 핵미사일

핵 버튼을 누르라는 대통령의 명령에 미 국방장관은 흠칫 놀란 표정을 짓는다. 그리고는 알래스카 사령관과의 화상통화를 통해 고개를 끄덕이며 오른손 검지로 버튼 누르는 시늉을 한다. 이제 곧 2045년 새해를 맞이할 시간. 서울 보신각에서는 타종 행사를 앞두고 인파가 가득 모여 있었다. 뉴욕 타임스퀘어 역시 잠시 후면 2045년을 맞이 하기 위한 사람들이 모여들 터였다.

"10, 9, 8, 7, 6, 5, 4, 3, 2, 1"

보신각 타종이 시작되었다.

"둥~"

같은 시각 알래스카 미군 기지에서는 핵 미사일이 차례로 치솟는다.

꿍음과 함께 섬광을 뿜으며 1000㎏짜리 핵탄두를 장착한 장거리 미사일이 솟구친다. 한 발은 베이징 자금성, 한 발은 모스크바 크렘린, 한 발은 서울 보신각이 목표물로 세팅되어 있었다.

핵미사일이 레이더에 포착되자 한중러 3국의 각 통합군사령부에 비상벨이 울린다.

"삐~ 삐~ 삐~ 삐~..."

"미국이 핵미사일을 발사했습니다"

국방장관의 보고를 받은 임욱화 대통령이 단호한 목소리로 외친다.

"요격미사일로 대응하시오"

중국 헤이룽장성 기지와 러시아 블라디보스토크 기지에도 긴장이 흘렀다. 곧바로 핵미사일 발사 명령이 내려졌고 역시 굉음과 함께 붉은 불길을 쏟아내며 핵탄두가 장착된 대륙간 탄도미사일들이 하늘로 치솟았다.

"슈~웅"

거의 동시다발적으로 쏘아 올려진 핵미사일들이 각각 목표물을 향해 날아간다.

알래스카에서 1분 먼저 발사된 미사일은 6000km 떨어진 서울과 각각 7000km 거리의 베이징, 모스크바에 먼저 떨어질 터였다. 헤이룽장성과 블라디보스토크에서 12000km 이상 떨어진 워싱턴 D.C. 와 뉴욕보다 먼저 핵공격을 당하는 것이었다.

그러나 한국에는 요격미사일 '싸드 5'가 있었다.

성주에서 발사된 최첨단 요격 미사일 '싸드 5'는 알래스카에서 발사된 핵미사일의 궤도를 추적하며 날아갔다. 먼저 모스크바를 목표로 베링해를 거쳐 오오츠크해 상공을 날던 핵미사일 한 대를 격추하는 데 성공했다.

그러나 베이징과 서울을 향해 날던 미사일을 격추하려던 요격 미사일은 빗나가고 말았다.

요격에 실패하자 성주 기지에서는 또 다른 싸드 5가 발사됐다. 이번엔 동해 상공에서의 격추가 목표였다. 낙하물 피해가 없도록 하기 위해서는 바다 위에서 떨어뜨려야 했다. 손에 땀을 쥔 채 레이더 모니터를 보며 미군 핵미사일과 요격 미사일의 움직임을 지켜보던 사령부 직원들의 눈이 빛났다. 모니터에는 섬광이 두 차례 번득였다. 잇따라 요격에 성공한 것이었다. 사령부에서는 환호의 박수가 터져 나왔다.

몇 분 후 헤이룽장성과 블라디보스토크에서 쏘아 올려진 핵미사일 3기가 태평양을 건너 워싱턴 D.C와 뉴욕, 샌프란시스코를 향해 돌진하고 있었다. 미군도 요격미사일을 발사했다. 뉴욕과 샌프란시스코를 목표로 했던 미사일 2기는 각각 목표 지점 2000km를 앞두고 공중에서 요격됐다.

그러나 1기는 끝내 요격에 실패하고 만다.

1000kg의 핵탄두가 달린 장거리 미사일이 미국의 심장부 워싱턴 D.C 백악관에 꽂혔다.

핵폭발의 위력은 강력했다. 백악관을 중심으로 반경 200km가 불바다가 되었다. 거의 모든 건물이 파괴됐다. 생명체도 거의 남아나지 않았다. 수도권 인구 천만 명이 목숨을 잃었다. 방사능 낙진 피해는 인근 메릴랜드주와 버지니아주, 뉴욕에까지 미쳤다. 화상 환자와 호흡기 환자가 속출했다. 병원마다 환자로 넘쳐났다. 핵무기가 탄생한 이후 첫 핵무기 공격 국가였던 미국이 이제 두 번째로 핵무기 공격을 당한 나라가 되는 순간이었다.

네바다주 사막 한가운데 비상 지하벙커로 대피했던 로이 페들러 대통령은 결국 손을 들 수밖에 없었다.

54. 눈물의 항복 선언

2045년 1월 2일

TV방송 연설에 나선 로이 페들러 대통령은 침통한 표정으로 원고를 읽어 내려갔다.

"국민 여러분, 우리 미합중국은 세계 평화를 지키기 위해 맞서 싸웠으나 실패하고 말았습니다. 핵이라는 대량살상무기 앞에 인류가 종말을 맞게 될 수도 있는 엄중한 위기 속에 저는 전쟁을 포기하기로 했습니다. 더 이상의 희생과 참화가 없도록 깨끗하게 항복하기로 했습니다. 국민의 안전을 지키지 못한 점 송구스럽습니다. 그러나 더 큰 불행을 막기 위해 내린 어쩔 수 없는 결정이라는 점을 이해해주십시오. 미 합중국 국민 여러분. 부디 저를 용서해주십시오"

로이 페들러 대통령의 목소리가 가늘게 떨렸다. 그의 눈가엔 촉촉히 이슬이 맺혔다. 한 때 세계 최강대국이었던 미국. 그러나 백 년 넘게 전 세계를 호령했던 미국은 더이상 슈퍼 파워가 아니었다. 국력이 쇠퇴하기 시작하며 중국과 러시아, 인도에 경제권을 빼앗겼고 군사력 면에서도 대한민국

보다 열등한 국가로 전락한 현실을 인정해야 했다.

미국의 항복으로 3차 대전은 한중러 연합군의 승리로 막을 내렸다. 이제 전후 처리 협의가 필요했다. 누가 더 큰 이득을 차지하느냐, 각국이 주판 알을 튕기느라 분주했다.

2045년 1월 15일 도쿄 제국호텔에서는 한중러 3국 정상회담이 개최됐다. 3국 합의대로 대한민국이 오키나와와 규슈를 중국에 떼어주고 홋카이도를 러시아에 내주는 대신 하와이와 괌, 알래스카를 대한민국 영토로 삼는 것을 중국과 러시아가 인정하기로 했다. 다만 미국을 3분할해 3국이 나눠 갖기로 한 합의에 대해서는 어떻게 분할하느냐를 놓고 이견을 좁히지 못했다. 때문에 일단 합의를 이루기까지는 3국위원회를 설치해 공동통치하기로 했다.

결국 일본 열도는 13년 간의 한국 단일 통치 시대의 막을 내리고 3국 분할 통치 시대를 맞게 되었다.

중국 정부는 즉시 오키나와 이름을 류큐로 이름을 바꾸었다. 류큐왕국의 유물과 문헌을 토대로 과거 왕국의 모습을 복원하는 작업을 본격화했다.

과거 미군이 주둔했던 곳에는 인민해방군이 상륙해 주둔했다. 규슈에는 총독을 파견해 공용어를 중국어로 바꿨다. 모든 학교와 관공서에서는 중국어를 사용하도록 한 것이다. 10여 년간 한국어를 강요받았던 주민들이 이제는 중국어 사용을 강요받으면서 사실상 일본어는 말살될 수밖에 없었다. 중국 교육 당국은 과거 난징 대학살과 같은 일본 제국주의가 저질렀던 끔찍한 악행을 아이들에게 가르치기 시작했다.

러시아 정부도 삿포로에 총독부를 설치하고 본격적인 홋카이도 지배에 착수했다. 역시 학교와 관공서에서는 러시아어를 사용하도록 했다. 소수민족으로, 오랜 기간 차별받아왔던 아이누족에 대해서는 우대정책을 실시했다. 각종 세금을 면제하고 총독부 관리직에 등용했다. 아이누족을 앞세워 통치를 수월하게 하기 위한 조치였다. 극동사령부 군 병력을 하코다테와 삿포로 일대에 주둔시켰다.

규슈 지역에서 오사카나 교토 도쿄와 같은 혼슈 지역, 홋카이도 지역으로 갈 때는 대한민국 또는 러시아의 비자를 받아야 했고 혼슈에서 규슈나 홋카이도로 갈 때도 마찬가지였다. 엄연히 다른 나라였고 바다가 국경이었다.

이대로 세월이 지나면 3등분 된 일본 열도는 각기 다른 언어와 문화를 가진 이질감 큰 이국으로 변할 터였다.

미국의 힘을 빌려 대한민국의 지배로부터 벗어나려던 나가노의 꿈은 산산 조각이 나버린 것이었다.

55. 나가노를 살린 이철훈의 희생

2045년 7월 13일 도쿄 아카사카 일본 독립단 비밀 아지트.

일본 분단, 3국 통치가 시작된 지 6개월의 세월이 흘렀다. 나가노로서는 절망의 나날이었다.

"아, 일본은 이대로 역사의 뒤안길로 사라지고 마는 것인가?"

이철훈이 나가노의 어깨에 손을 얹으며 위로했다.

"당분간은 쉽지 않겠네. 국제질서가 이렇게 재편될 줄이야. 나가노, 당분간 숨어 지내며 상황을 지켜보는 수밖에 없지 않겠어? 섣불리 움직였다간 자네 목숨도 위험할 테니 말이야"

나가노는 입을 굳게 다물었다. 도쿄 시내 비밀 아지트도 언제까지 안전할지 아무도 장담할 수 없는 상황이었다. 전쟁 이후 일본 독립단의 씨를 말리겠다며 이감응이 혈안이 되어 있었기 때문이었다. 이감응은 나가노를 잡기 위해 인간형 전투 로봇을 대거 투입한 특공 경찰대를 풀어놓고 있었다.

이철훈의 말도 일리가 있었다. 그러나 나가노는 시간이 갈수록 독립의 꿈은 멀어져만 갈 것이라고 판단했다. 독립까지는 아니더라도 일본 민족의 혼까지 사라지는 일만큼은 막아야 한다고 생각했다. 아무런 저항 없이 일본의 분단과 식민지배를 받아들인다면 일본과 일본인은 현실적으로 역사의 한 페이지로만 남을 수밖에 없을 것이라고 안타까워했다.

뜻을 함께 하는 독립단원도 얼마 남지 않았다. 한국 조폭에 저항하기 위해 나섰던 야쿠자 일당은 오야붕을 비롯한 간부들이 모두 목숨을 잃으며 와해된 지 오래였다. 자위대 출신 독립군도 대다수가 전사하거나 체포돼 일부만 남았을 뿐이었다. 나가노와 몇몇 지식인, 전 자위대원 몇 명, 그리고 유일한 한국인 친구 이철훈이 전부였다.

사실상 붕괴된 조직을 재건해야겠다며 일본 열도 지도를 펼쳐놓고 과거 조직원들의 거점을 살펴보던 때였다. 갑자기 전깃불이 나가 암흑천지로 변한다. 그리고는 우당탕 소리가 들린다. 야간 투시경을 쓴 특공경찰대와

인간형 전투 로봇들의 습격이었다.

"유키오 군 용기를 내! 포기하면 안 돼"

펑하는 소리와 함께 건물이 무너지자 여기저기서 비명이 쏟아졌다. 이철훈은 나가노 유키오에게 외쳤다.

"제발 포기하지 마! 일본 독립은 반드시 이뤄져야 해"

철문을 폭파한 특공경찰은 사무실에 연막탄을 던지고 20여 명의 비밀 일본 독립운동 단원들을 체포한다. 이철훈은 비밀 통로를 통해 나가노 유키오를 빠져나가게 하면서 마지막 외마디를 던지고 수류탄을 안은 채 자폭해 비밀통로를 막았다.

"안돼!"

친구 이철훈의 죽음에 나가노는 슬픔을 억누를 수 없었지만 도주할 수밖에 없었다.

지하 비밀 통로를 빠져나와 향한 곳은 이철훈의 아내인 오숙희의 도쿄 신주쿠 집이었다.

56. 나가노의 비극적 선택

나가노로부터 남편 이철훈의 사망 소식을 전해 들은 오숙희는 흐느껴 운다. 주룩 주룩 눈물이 양쪽 볼을 타고 흘러내린다. 울음소리를 참으려 하지만 감정을 제어할 수는 없다.

반제국주의자였고 인류 평화주의자였던 남편과 정치적 동지이기도 했던 오숙희는 남편의 죽음 앞에 나가노가 원망스러웠다. 그래도 오숙희는 나가노를 원망하지 않았다.

"철훈 씨는 한국과 일본의 우호관계 복원을 위해 당신을 도왔어요. 철훈 씨는 백여 년 전 일본이 한국에 저질렀던 짓을 한국이 똑같이 하는 것을 보고 괴로워했어요. 그래서 당신이 일본의 독립을 이루기를 바랐어요. 그런데 이제 모두 헛된 꿈이 되었군요"

오숙희는 남편의 사망에 충격을 받고 비탄에 잠기면서도 나가노에게 더 이상 희망이 없다는 사실에 대해서도 슬퍼했다.

"다 내 탓입니다. 철훈은 나를 구하려고 목숨을 버렸어요. 숙희 씨에게 면목이 없습니다. 내가 죄인입니다"

나가노가 자신의 가슴을 부여잡고 낮은 목소리로 이어갔다.

"군사력으로 나라를 빼앗고, 토지를 빼앗고, 식량을 수탈하고, 민족의 언어와 문화를 말살하고, 황후를 살해하고, 황국신민으로 만들고, 꽃다운 나이의 여성들을 성노예로 끌어가고, 전쟁의 미치광이가 돼 많은 이들을 끌고 가 탄광에서, 군수공장에서 강제노동을 시키고, 독립운동가들에게 모진 고문을 가하고, 총칼로 죽이고… 백여 년 전 일본은 이루 다 말할 수 없는 혹독하고 모진 짓을 조선에 저질렀습니다. 그리고도 수많은 일본 정치 지도자들은 반성하지 않았지요. 오히려 역사를 날조하고 전쟁을 미화하느라 애를 썼습니다. 지금 일본이 겪고 있는 상황은 그에 대한 대가를 치르고 있는 것일지도 모릅니다. 아니, 그 반에 반도 되지 않겠지요. 조선인들이 겪었던 고통에 비하면 말이죠. 과거 조선 사람들이 그랬던 것처럼 나는 일본의 얼을, 일본의 혼을 지키려 애써왔습니다. 독립을 다시 되찾겠다는 일념으로 싸워왔죠. 비록 지금 일본인들은 당시 조선인들이 가졌던 독립에 대한 위대한 열망을 갖고 있지 않은 게 현실이에요. 그래서 나는 결심을 했어요"

"결심이라니, 무슨 결심을요?"

걱정스러운 눈빛으로 오숙희가 물었다.

"내가 죽음으로써 한국에 항거하고, 그것을 통해 일본인들에게 독립 의지를 잊지 않도록 하고자 합니다"

오숙희의 표정이 굳어졌다. 나가노가 재킷 안주머니에서 권총을 꺼내 들었다. 왼손 엄지로 안전장치를 풀고는 레버를 잡아당겨 장전한다.

"일본 독립 만세!"

나가노가 두 손을 번쩍 들며 비장하게 외친다. 그리고는 권총을 자신의 관자놀이에 겨냥한다.

57. 뜻하지 않은 망명

최후를 향한 나가노의 몸짓에 흠칫 놀란 오숙희가 뛰어든다.

"이러려고 철훈 씨가 당신을 위해 목숨을 버렸나요?"

오숙희가 나가노의 가슴에 얼굴을 묻으며 소리쳤다.

"백 년 전 조선은 36년 간의 억압의 시대를 종식하고 광복을 얻었어요. 일본 제국주의에 굴하지 않은 광복군과 임시정부, 그리고 민중들이 있었기 때문에 가능했죠. 자, 나가노씨 당신이 목숨을 끊는다면 모든 게 수포로 돌아갈 뿐이에요. 아직도 희망은 있다고요. 저기 밖에 침묵 속에 살아가는 민중들도 마음속으로는 당신을 지지하고 있단 말이에요"

나가노의 두 손을 꼭 부여잡은 채 오숙희가 조근조근 말을 이어갔다. 그리고는 안주머니에서 봉투 한 장을 꺼낸다.

"이것 보세요. 스위스 베른에 있는 국제반전평화위원회로부터 온 편지예요. 신민족자결주의 원칙에 따라 모든 식민지배를 종식하고 원상회복을 촉구하는 결의안을 유엔에 제출한다는 내용이에요. 그리고 당신, 일본독립단장 나가노를 위원회 일본 대표로 위촉한다는 위촉장도 여기 있어요. 스위스로 건너가 임시정부를 세우세요"

나가노의 볼에 두 줄기 눈물이 흘러내렸다.

"나 때문에 남편을 잃었는데도 원망하지 않고 일본의 독립을 위해 망명하라니"

나가노는 자신이 부끄럽게 느껴졌다.

58. 귀환

5년 후인 2050년 8월 15일 나리타공항.

"나가노 총리대신, 그동안 객지에서 일본국 임시정부를 이끄느라 수고 많으셨오"

공항까지 마중 나온 일본 천황이 나가노를 반갑게 맞이했다.

"이제 식민지 일본의 임시정부 시대를 마감하고 독립 일본 공식 정부 시대의 막을 올립시다"

공항에는 팡파르가 울려 퍼졌다. 구름처럼 몰려든 시민들의 환호성도 함께 울려 퍼졌다. 군중 가운데 옛 독립단원 일부의 모습도 눈에 띄었다. 그 사이로 단아한 모습의 여인이 물끄러미 나가노를 바라보고 있었다. 태극기와 일장기를 함께 손에 든 그 여인은 이철훈의 아내 오숙희였다.

나가노의 머릿속에는 18년 세월이 영화 장면처럼 흘러갔다.

독도 상공에서 벌어진 한일 전투기간 교전에서부터 한국 북부사령부에 의한 도쿄 중심가 미사일 공격, 일본의 항복, 한국 조폭 나석이 파의 일본 진출, 부도칸에서 벌어진 공나석과 야마구치의 대결, 대규모 지진과 원전 폭발 그리고 일본인 차별에 항의하는 시위, 일본 독립단 결성, 한국군 부대 습격과 청와대 습격작전, 코니시 주일 미국대사와의 협상, 미군과 중, 러군의 이오지마 상공 전투, 일본의 3 분할 3개국 통치시대 개막, 그리고 특공 경찰대의 습격 때 이철훈이 마지막으로 외친 말

"나가노, 포기하면 안 돼! 일본의 독립은 이뤄져야 해"

나가노에게는 새로운 일본을 재건할 임무가 주어졌다.

〈끝〉

에필로그

이 소설은 허구이다. 역사를 토대로 한 미래의 허구. 논픽션도 담겨 있다. 과거 있었던 역사적 사실이 일부 이 소설 속에 녹여냈다. 처음에는 한국인 독자들에게 통쾌함을 주려고 했다. 2019년 여름, 아베 정권이 경제전쟁을 도발한 직후 이러다 진짜 전쟁으로 가는 것 아닐까 하며 상상을 토대로 쓰기 시작한 소설이다. 당하기만 했던 분노의 역사를 가진 한국인들이 당한 만큼 갚아주는 식의 복수극을 통해 카타르시스를 느끼리라 생각했다.

그러나 부질없는 짓이었다. 보복은 보복을 부르는 악순환으로 이어질 것이 분명하기 때문이다.

필자는 왜 한국인이 아닌 일본인 독립운동 지도자 나가노를 주인공으로 설정했을까? 그를 통해 필자가 투영한 것은 무엇인가? 이에 대한 해답은 독자들이 구하길 바란다.

한일 간에 풀리지 않는 영원한 숙제, 과거사를 어떻게 마주할 것인가가 늘 필자의 고민이었다. 일본의 극우세력과 우파 정치인들이 과거사를 부정할 때마다 나는 보통의 일본 사람들이 피해자의 입장에서 생각해 봤으면 하는 생각을 늘 떨치지 못했다. 미래에 벌어지지 않을, 벌어질 수도 없는, 상상의 소설을 한국인 독자뿐 아니라 일본인 독자들도 읽어줬으면 하는 바람이다.

소망컨대 일본의 어느 번역작가가 이 소설을 일본어로 번역해 주길 바란다. 그리고 누군가, 이 소설을 영화로 만들어 준다면 좋겠다. 소설과 영화가 한국과 일본에서 어떻게 다른 반응을 불러올지 궁금하다.

작가 윤경민